Makramee

Knüpf dich glücklich!

30 wunderschöne DIY-Werke Schritt für Schritt einfach erklärt

Mit Videoanleitungen zum Knoten lernen.

2020 Raphaela Hentrich

ISBN: 9783982177502

Inhalt

Hallo! (Vorwort)

Während viele Menschen immer noch denken, Makramee wäre nur etwas für Omas Wohnzimmer oder die Verschönerung der Zimmer im Altersheim, ist diese schöne und vor allem handwerklich geschickte Arbeit aktuell wieder richtig im Aufkommen. Genauso wie du begeistern sich erneut viele Menschen für die schönen und vielfältigen Knüpftechniken und realisieren mit ihnen die unterschiedlichsten Dinge. Sei es ein Vorhang, eine Schnullerkette oder auch ein klein Schlüsselanhänger, welcher durch die bestimmte Aneinanderreihung unterschiedlicher Knoten und Farben seine Form bekommt: Mit der Makramee-Technik sind der Fantasie im Grunde genommen keine Grenzen gesetzt. Jeder kann sich ganz nach seinem Ermessen und Vorlieben ausleben und die schönsten Kunstwerke mit dicken und dünnen Fäden kreieren.

Indem die unterschiedlichen Fäden zu unterschiedlichen, ansehnlichen Knotenmustern verknüpft werden, kannst du einzigartige Kunstwerke entstehen lassen, welche eine ganz besondere Energie mit sich bringen. Wer einmal von der Magie des Makramee ergriffen wurde, wird sich dieser nicht mehr so schnell entziehen können. Daher genug der einleitenden Worte und viel Spaß im Makramee-Vergnügen!

Raphaela Hentrich (Makrameekunst – Hochzeit & Zuhause)

So kannst du Kontakt zu mir aufnehmen:

- Über meine Webseite: www.makrameekunst.de
- Über Instagram: @makrameekunst
- Über meine Facebook-Seite: Makrammee

Ich freue mich auf Dich!

Wie fand das wunderschöne Makramee den Weg in unsere Wohnzimmer?

Ihren Ursprung findet die Makramee-Technik als alte Knotenkunst im Orient. Das kann auch mitunter der Grund dafür sein, dass die Kunstwerke eine ganz besondere und spezielle Atmosphäre mit sich bringen, wenn sie im Zimmer aufgehangen, am Arm oder auch in der Form eines Kleidungsstückes am Körper getragen werden.

Die textile Technik, welche sich nicht nur verschiedener Fäden, sondern auch vieler zusätzlicher Accessoires, wie zum Beispiel Fäden und Ringe bedient, traf nicht nur bei den Menschen im alten Orient auf einen großen Zuspruch. Schnell fand diese Knotenkunst auch ihren Weg nach Europa. Wie dies geschah, ist nicht sicher überliefert, da es in diesem Zusammenhang verschiedene Quellen gibt.

Einige Quellen behaupten, dass diese besondere Knüpftechnik ihren Weg über Griechenland nach Mitteeuropa gefunden hat. Andere Quellen hingegen machen die Maurer (über Spanien) dafür verantwortlich, nun auch Mitteleuropa von dieser süchtig-machenden Knüpftechnik befallen worden zu sein.

In jüngerer Vergangenheit erlebte die Makramee-Technik ihre Blütezeit vor allem in den 1970er Jahren. Besonders in der DDR war es ein Mega-Trend. Interessanterweise hat meine Großtante aus Thüringen mir letztens einige Ihrer damaligen Werke unter die Nase gehalten. Irgendwie liegt das Makramee bei mir wohl in der Familie. *lach* Weil feine Garne in der DDR nur schwer zu bekommen waren, knüpfte meine Großtante sogar mit Paketband (du siehst: Makramee ist wirklich eine flexible Angelegenheit). An diesem Punkt sind wir auch bei einem Unterschied zwischen den Arbeiten von damals und den heutigen Realisationen angelangt: Während die Menschen in den 70ern noch recht rustikal an die Knotentechnik herangingen, realisieren wir die Kunstwerke heute mit mehr Liebe zum Detail und „weicher".

Vor allem in den letzten Monaten erfreut sich die Makramee-Technik wieder einer sehr großen Beliebtheit und findet sich somit nicht mehr nur bei Oma Zuhause, sondern auch in der Wohnung der hippen Studentin und der frischgebackenen Mama wieder, welche mit den Fäden eine schöne Schnullerkette und ein Mobile für ihr Baby geknotet hat. Die Einsatzmöglichkeiten sind, wie bereits gesagt, viele unterschiedliche, sodass es sich bei Makramee heute um eine wahre, eigenständige Handarbeitskunst handelt.

Das Aushängeschild der Makramee-Kunst sind sogenannte Makramee-Eulen, welche als Anhänger oder auch als kleines Maskottchen und wahlweise als Schlüsselanhänger genutzt werden können. In China realisieren die Menschen vor allem sogenannte Shamballa Armbänder, welche vor allem zu Neujahr ihre Anwendung finden.

Wir sagen einfach „Makramee" — aber warum?

Genau wie es bei der Makramee-Kunst an sich der Fall ist, erfährt auch die Herkunft des Wortes eine wahre Überlieferung und Weiterleitung aus unterschiedlichen Ländern. Es sei, als hätte die Makramee-Kunst stille Post gespielt und von Station zu Station immer nur ein paar Wortlaute und Betonungen geändert. Ganz ursprünglich stammt das Wort nämlich aus dem Arabischen. Dort bedeutet das Wort „migramah" so viel wie „weben". Aus diesem arabischen Wort leitete sich mit der Überlieferung der Kunst über Spanien das spanische Wort „macramé" ab. In seiner Bedeutung steht dieses für eben diese Makramee-Kunst. Aus dem spanischen Wort wiederum, hat sich mit der Überlieferung in den deutschen Raum, das uns bekannte Wort Makramee abgeleitet.

Die Sache mit den Armbändern — Zwei spannende Anekdoten

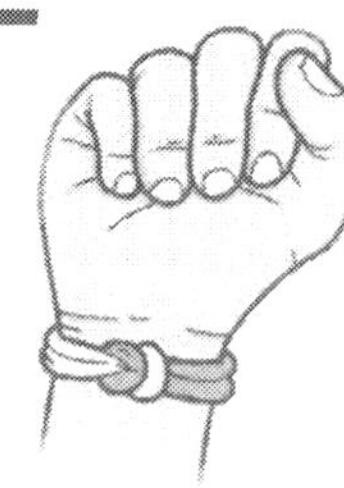

Makramee ist keine Entdeckung oder Erfindung der Neuzeit, sondern ein bewährte und beliebte Handwerkskunst aus dem alten Orient. Mit den diversen Überlieferungen hat jedes Land seine eigenen Makramee-Werker herausgearbeitet und für sich entdeckt, sodass einige schöne und lesenswerte Anekdoten entstanden sind.

Eine schöne Anekdote ist die der Freundschaftsarmbänder, welche in den unterschiedlichsten Farben und Formen aus den Fäden realisiert werden können. Ihren Boom erlebten diese Armbänder vor allem in der 1980 bis 1990er Generation, sind aber, genau wie die Makramee-Kunst, wieder am Aufkommen. Was gibt es schöneres, als dem besten Freund oder der besten Freundin als Zeichen der Freundschaft ein selbstgemachtes Freundschaftsarmband zu schenken?

Die Freundschaftsarmbänder sind ein Symbol, welches sich als Zeichen der Verbundenheit und der gegenseitigen freundschaftlichen Zuwendung in der Welt ausgebreitet hat. Dabei finden zwar die vielen, sich voneinander unabhängig entwickelten Knoten-Techniken ihre Anwendung, doch im Grunde genommen erfüllen alle Freundschaftsarmbänder ein-, und dieselbe Funktion: Sie verbinden zwei Freunde/innen symbolisch miteinander.

Vor allem die Freundschaftsarmbänder der Indianer in Zentral-, und Südamerika erfreuen sich einer großen Beliebtheit. Gleichzeitig handelt es sich bei diesen Armbändern um den Ursprung der Freundschaftsarmbänder. Die Indianer zeigten sich somit einander, dass sie sich mochten und eine spezielle freundschaftliche Beziehung zueinander hatten. Während sich die Indianer die Freundschaftsarmbänder nahezu schon zeremonienartig um die Handgelenke banden (daran ist auch der hohe Stellenwert der Freundschaften bei den alten Indianern zu erkennen), dürften sich die beiden Freunde etwas wünschen.

Wie es auch heute noch viele Freunde machen, wenn sie sich gegenseitig das Freundschaftsarmband anlegen, trugen die Indianer dieses solange, bis es alleine von dem Handgelenkt abfiel. Wenn das Armband vom Handgelenk abfiel, war das für die Besitzer das Zeichen, dass der Wunsch nun in Erfüllung gegangen war.

Einen weiteren Einsatz fanden diese bunten Freundschaftsarmbänder:

- zu der Zeit der Renaissance in Frankreich
- in den 80er Jahren in Deutschland
- bei den Demonstranten, welche diese als Zeichen der Demonstration gegen die Verdrängung der Bauern in Guatemala trugen
- in den USA. Dort versehen die Menschen die Freundschaftsarmbänder jedoch vermehrt mit politischen und religiösen Symbolen.

Eine andere schöne Anekdote in dem Zusammenhang mit der Makramee-Kunst sind die Shamballa Armbänder aus China. Diese werden in dem Rahmen der Makramee-Kunst hergestellt und vor allem zu Neujahr verschenkt. Wer ein solches Armband geschenkt bekommt, darf sich im neuen Jahr über Glück freuen und sollte dieses aus diesem Grund auch tragen. Die Besonderheit dieser Shamballa Armbänder liegt dabei in den Rohstoffe. Oft nutzen die Menschen für die Realisierung spezielle Materialien, welche eine ganz besondere und einzigartige Energie ausstrahlen. Somit handelt es sich bei diesen nicht nur um ein reines Styling-Element, sondern um ein Symbol der Positivität. Die Shamballa-Armbänder sollen positive Energie anziehen und zur selben Zeit ausstrahlen können. Das Resultat sollten maximale Leistungen und Erfolg der Besitzer sein.

Die oft mit in die Armbänder eingearbeiteten glitzernden Edelsteine erfüllen nicht nur einen dekorativen Zweck, sondern entfalten auch die positiven Kräfte, welche ihnen nachgesagt werden.Somit steht Makramee unter anderem in dem Zusammengang mit der spannenden Kunde der Edelsteine.

Das kleine 1x1 der Materialien – und was du jeweils beachten solltest.

Um die vielen verschiedenen Kunstwerke realisieren zu können, kannst du dich unterschiedlicher Materialien bedienen. In ihrem Zusammenspiel werden diese am Ende zu einem einzigartigen und wunderschönen Kunstwerk, welches entweder im Zimmer aufgehangen, am Körper getragen oder auch als Accessoire genutzt werden kann. In den Werkanleitungen werden wir nur die grundlegenden Materialien verwenden. Die anderen aufgezählten kannst du als Inspiration für eigene, fortgeschrittene Kunstwerke verwenden.

Die Schnurvarianten: Wann welches Material & welche Dicke? Was gibt es jeweils zu beachten?

Bezüglich der Schnurvarianten gibt es durchaus einige wichtige Dinge zu beachten. Den Künstlern stehen nicht nur viele verschiedene Farben, sondern auch Beschaffenheiten der Fäden zur Verfügung, aus welchen sie basierend auf den Kunstwerken, welche sie realisieren wollen, wählen können. Ein großer Unterschied besteht zunächst einmal zwischen den sogenannten Trägerfäden und den Arbeitsfäden.

Trägerfaden

- Diese Fäden sind die beiden innenliegenden Fäden. Aus diesem Grund werden sie auch als „passive“ Fäden bezeichnet und stellen als die wichtige Grundlage für die Makramee-Kunstwerke dar. Als Fundament tragen sie die aktiven (und am Ende sichtbaren) Knoten.

Arbeitsfäden

- Diese Fäden sind die beiden innenliegenden Fäden. Aus diesem Grund werden sie auch als „passive“ Fäden bezeichnet und stellen als die wichtige Grundlage für die Makramee-Kunstwerke dar. Als Fundament tragen sie die aktiven (und am Ende sichtbaren) Knoten.

Welche Schnurvarianten du wählen kannst

Bezüglich der Makramee-Kunstwerke unterscheidet man zwischen Härtegraden. Aus diesem Grund findest du im Internet und auch in entsprechenden Läden für die Handwerkskunst unterschiedliche Fäden. Im Grunde genommen ist dir frei überlassen, für welche Variante du dich entscheidest. Man kann sich aber an einigen Empfehlungen orientieren. So eignet sich zum Beispiel:

- Eine Schnur von 5mm für gröbere Projekte.
- Eine Schnur von 3mm für mittelgrobe bzw. mittelweiche Projekte
- Eine Schnur von 2 mm für feine Projekte

In der Regel kannst du mit dem Material Baumwolle nichts falsch machen, doch es gibt durchaus andere Materialien, auf welche die Künstler für ihre Kunstwerke zurückgreifen können. So gibt es unter anderem auch:

- Gedrehtes Garn
- Geflochtenes Garn
- Fleischergarn
- Leder
- Stickgarn
- Kunstfaser uvm.

Wie schon gesagt, sind der Fantasie bezüglich der Materialien keine Grenzen gesetzt und etwas Einfaches, Grobes tut es für den Anfang allemal. Wenn du mich noch nach einem konkreten Tipp fragst, würde ich dir empfehlen, mit einem gewachsten Garn zu beginnen, da es sich einfacher verarbeiten lässt.

Ringe und Reife

Ringe und Reife finden vor allem bei der Realisierung einer sogenannten Makramee-Blumenampel ihre Anwendung. Diese ist eine der Markenzeichen der Makramee-Kunst und macht sich vor allem in größeren Räumen wie zum Beispiel dem Wohnzimmer sehr gut.

Die Reife sind dabei in vielen verschiedenen Materialien erhältlich. Am beliebtesten und somit am weitesten verbreitet sind in diesem Zusammenhang die Modelle aus natürlichem Holz oder auch Bambus. Vor allem in den Bezug mit einfachen Mustern und Farben kommen diese besonders gut zur Geltung. Neben den Ringen aus Holz stehen aber auch Ringe aus

- Metall
- Edelstahl
- Messing zur Auswahl.

Auch bezüglich der Größe gibt es keine Grenzen. Von sehr kleinen und kleinen, über mittelgroße bis hin zu großen und übergroßen Ringen ist auf dem Markt der Makramee-Utensilien alles vertreten.

Perlen

Auch Perlen erfreuen sich in der Makramee-Kunst einer großen Beliebtheit und sind als dekoratives Element aus bestimmten Kunstwerken kaum wegzudenken. Ganz egal, ob es sich um Accessoires, um Kleidungsstücke oder auch um Vorhänge für das Zimmer handelt – die Perlen verleihen dem Kunstwerk eine ganz besondere Energie und beeinflussen die vom Kunstwerk ausgehende Atmosphäre im Raum enorm. Im Grunde genommen eignen sich für diese Zwecke die unterschiedlichsten Perlen. Allerdings müssen diese über ein ausreichend großes Loch verfügen, um sie gut und ohne Probleme auf die Fäden fädeln zu können.

Äste

Für den rustikalen Look machen sich unter anderem Äste richtig gut. So nutzen die Künstler diese gerne als Grundelement, an welchem ein Vorhang oder eine Blumenampel realisiert wird oder auch als Bestandteil eines rustikalen Mobiles. Wichtig ist, dass es sich bei den Ästen entweder um selbst-gesammelte und getrocknete Äste handelt, welche weder morsch noch brüchig sind, oder diese aus dem Fachhandel stammen.

Kleine Accessoires zur Schmuckherstellung

Makramee ist das perfekte Beispiel dafür, dass Schmuck nicht immer aus festen Materialien wie Gold oder Silber beschaffen sein muss. Auch die Makramee-Kunst ist mit der entsprechenden Technik und den richtigen Materialien dazu in der Lage, in wunderschönen und einzigartigen Accessoires zu resultieren.

Für diese Zwecke eignen sich vor allem:

- Draht (um Ösen zu formen oder zum Beispiel Ohrringen einen besseren Halt zu bieten)
- Bereits fertig gestellte Ösen und Verschlüsse für Ketten und Armbänder
- Stecker für Ohrringe
- Kleine Schmucksteine, wie zum Beispiel kleine Edelsteine (Rosenquarz etc.)

Dein Arbeitswerkzeug

Im Grunde genommen verfügst du bereits über das wichtigste Arbeitswerkzeug, welches in dem Rahmen der Makramee-Kunst zum Einsatz kommt. Es handelt sich um die Hände. Mit ihnen werden die Fäden geknotet und somit zu den Kunstwerken geformt. Weitere wichtige und unterstützende Werkzeuge für die Realisierung der Makramee-Kunstwerke sind:

› Das Maßband

Das Maßband hilft dabei, die richtige Länge der Fäden zu messen und somit zu verhindern, zu kurz geratene Fäden im Nachhinein verlängern zu müssen.

› Die Schere

Je nachdem, wie dick und robust die Fäden sind, können diese nicht einfach gerissen werden. Davon abgesehen, dass man dies aufgrund des Ausfransens der Fäden nicht machen sollte, sollte immer eine passende Schere vorhanden sein, um die Fäden zu schneiden.

› Die S-Haken

Um zum Beispiel eine Blumentreppe und weitere Kunstwerke aufhängen zu können, eignet sich ein S-Haken sehr gut.

› Die Kleiderständer zum komfortablen Arbeiten

Um Vorhänge oder auch Kleidungsstücke realisieren zu können, werden diese am besten an einem Kleiderstände aufgehangen, um großflächig und effektiv an diesen arbeiten zu können.

› Die Stiftzange

Mit einer Stiftzange kann Draht gebogen und somit in die richtige, benötigte Form gebracht werden.

Ein paar Grundlagen - Hilfreiche Tipps & Tricks für ein einfaches und unkompliziertes Makramee-Vergnügen

Wer sich als Anfänger an der Makramee-Kunst versucht, kann sich in diesem Zusammenhang an einigen Tipps und Tricks orientieren. Denn, wie es bei jeder Art der Kunst der Fall ist, fällt auch in dem Bezug auf die Makramee-Kunst kein Meister vom Himmel. Es braucht etwas Zeit und Geduld, um sich mit den Materialien und den unterschiedlichen Techniken vertraut zu machen. Aus diesem Grund findet auch hier der Spruch: „Eile mit Weile" Anwendung. Ein langsames Herangehen an die Sache bringt schneller Erfolgsergebnisse mit sich und motiviert weiter an der Sache dranzubleiben.

1 Der einfache Einstieg

Wie schon gesagt, schwindet die Motivation, wenn direkt mit einem zu schweren Kunstwerk angefangen wird. Dazu gehört nicht nur die Technik alleine, sondern die Tatsache umfasst auch die Materialien. Die Makramee-Technik greift auf Materialien zurück, welche sich die Kategorien für Einsteiger, Fortgeschrittene und Experten unterteilen. Anfänger sollten sich immer erst mit den Materialien und Techniken für die Einsteiger vertraut machen und eine Sicherheit in diesem Gebiet aufbauen. Anschließend können sich die Künstler immer weiter steigern. So eignen sich für die Anfänger vor allem Anleitungen, wie zum Beispiel für Armbänder, welche die Grundlage der Makramee-Technik für Einsteiger darstellen. Bezüglich der Materialien sollte zum Anfang auf keine aufwändigen Utensilien zurückgegriffen werden. Eine Schere und ein dicker Baumwollfaden reichen vollkommen aus.

Wichtig ist, dass der Baumwollfaden wirklich dick ist, da er sich viel einfacher handhaben lässt. Dünne Fäden sind sehr viel komplizierter in der Handhabung und die Frustrationsgrenze ist bei erwartungsvollen Anfängern in der Regel recht gering.

2 Der Verzicht auf Accessoires

Klar – Perlen und auch andere Accessoires machen sich vor allem bei Schmuckstücken wie den Armbändern, welche sich für die Einsteiger eignen, besonders gut. Dennoch ist es immer ratsam, sich zunächst mit der Grundtechnik vertraut zu machen. Wer einmal raushat, wie das Armband am besten realisiert wird, kann sich anschließend daran machen, die Perlen und anderen Accessoires in dieses oder in andere einfache Kunstwerke einzubauen. Wenn das Fundament einmal steht, kann auf diesem aufgebaut werden. Es bringt schließlich nichts, wenn das Fundament wackelt und das Haus, welches auf diesem konstruiert wird, früher oder später einstürzt.

#3 Gute Anleitungen sind das A und O

Nichts ist für Anfänger nerviger als schlechte und schlecht verständliche Anleitungen. Aus diesem Grund liefert dieses Buch die besten Anleitungen mit detaillierten und leicht verständlichen Bildern, welche Einsteigern und auch Fortgeschrittenen die Makramee-Kunst veranschaulichen und ihnen zum Erfolg bezüglich ihrer Arbeiten verhelfen.

#4 Zeit nehmen

Ein Kunstwerk ist keine Sache, welche man mal eben zwischen Tür und Angel herstellt. Aus diesem Grund ist es wichtig, sich einen ruhigen Moment zu nehmen, um sich der Kunst voll und ganz widmen zu können. Nur so gelingt das Kunstwerk und du verzeichnest als EinsteigerIn ein schönes Erfolgserlebnis.

Um noch mehr Spaß an der Realisierung der Kunstwerke zu haben, können die folgenden Tipps und Tricks hilfreich für dich als EinsteigerIn sein:

Die Wahl der Farbe

Die Farblehre zeigt, dass auch augenscheinlich nicht zusammenpassende Farben eine gute Kombination gegen können (Stichwort: Kontrast). Aus diesem Grund ist jedem Künstler die Wahl der Farben für die Kunstwerke selbst überlassen. Einige hilfreiche Tipps gibt es dennoch:

- Die Farbe für Kleidungsstücke, sollte zum Typen des Trägers passen.
- Die Farbe der Dekorationselemente für den Innenraum, sollte auf die Einrichtung abgestimmt sein, um ein harmonisches Gesamtbild mit dieser zu ergeben.

Die Verlängerung des Garns

Hat ein Faden inmitten der Arbeit beschlossen, in seiner Länge aufzuhören? Wie bügelst du das Versehen wieder ordentlich aus? Bezüglich der Verlängerung der Fäden muss unterschieden werden, ob der Übeltäter der Arbeitsfaden oder der Leitfaden ist. Je nachdem ergibt sich dann der Lösungsweg (siehe Tabelle rechts).

Trägerfaden

Es wird ein neuer Faden vom Garn abgeschnitten, um diesen dann an den zu kurzen Arbeitsfaden anzuknüpfen.

- Der neue Faden wird durch die Schlaufe des zu Kurzen Arbeitsfadens geführt, sodass er zusammen mit den Enden des „alten" Arbeitsfadens wieder herauskommt.
- Die Enden des alten Fadens müssen nun an den neuen Faden geknotet werden. Für diese Zwecke sind kleine und dennoch feste Knoten notwendig.
- Da die Fänden weiterhin geknotet werden, wird es auch nicht auffallen, dass sich inmitten des Fadens Knoten befinden.

Arbeitsfaden

Wird der Leitfaden zu kurz. kann dieser verlängert werden, bevor von der rechten Seite aus ein neuer Arbeitsfaden aufgenommen und mit diesem verknotet wird.

- Ein neuer Leitfaden wird unter das zu kurze Stück des „alten" Leitfades gelegt.
- Nun wird der Arbeitsfaden, wie gewohnt, an den Leitfaden geknotet. Das kostet etwas handwerkliches Geschick, verbindet aber den neuen Leitfaden gut mit dem Arbeitsfaden.
- Die Knoten sollten an dieser Stelle besonders fest angezogen werden, um die Tatsache zu verdecken, dass es sich an der Stelle um einen doppelten Leitfaden handelt.
- Nach zwei bis drei Knoten sollte der Leitfaden fest genug sitzen, um wie gehabt vorgehen zu können.
- Die überflüssigen Enden des neuen Leitfadens können nun ohne Bedenken abgeschnitten werden.

Das Ausfransen

Das Ausfransen kannst du verhindern, aber auch gewollt geschehen lassen. So kann es während des Arbeitens nervig sein, wenn die Fäden an der unteren Seite ausfransen. Ein einfacher und effektiver Trick ist es aus diesem Grund, einfach Tesafilm um die Enden zu wickeln. Greift man auf unterschiedliche Farben zurück, kann man auch besser die Leitfäden von den Arbeitsfäden unterscheiden.

Ist das Ausfransen am Ende eines fertigen Kunstwerkes gewollt, kann dies ganz einfach mit einem kleinen Kamm geschehen. Dieser trennt den Faden auf und sorgt somit für das Ausfransen. Allerdings muss darauf geachtet werden, die Grenze mit einem Knoten festzusetzen. Andernfalls besteht das Risiko, dass sich der Faden vollkommen auftrennt.

Das Färben der fertigen Werke

Wer mit weißen Fäden arbeitet, kannn seinen Werken hinterher einen besonderen Look verleihen. Wichtig ist es, vor dem Kauf der Materialien darauf zu achten, dass:

- sie die Farbe gut aufnehmen (perfekt: unbehandelte Baumwolle; schlecht: gewachstes Garn).
- zum Beispiel Perlen und andere eingearbeitete Materialien nicht negativ von der Färbung beeinflusst werden.

Sind diese Rahmenbedingungen geklärt, kannst für das Färben auf

- klassische Textilfarbe oder
- natürliche Mittel wie zum Beispiel stark pigmentierte Lebensmittel (z.B. Rote Beete) zurückgreifen.

Knotentechniken Schritt für Schritt lernen

Ankerstrich

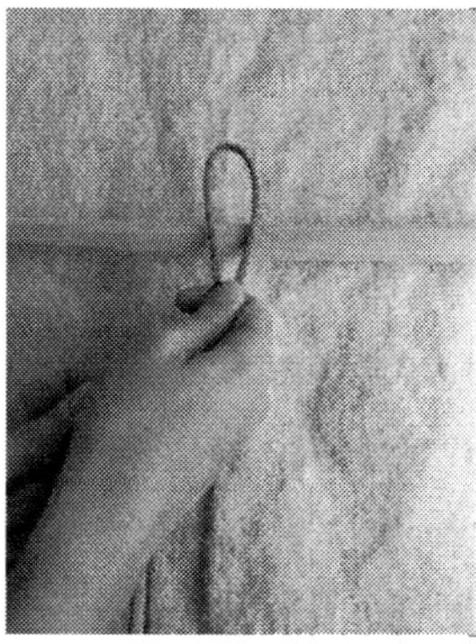

1. Du hältst den Faden vor das Ankerelement (entspricht Schlüsselring, Treibholz etc.) und bildest eine großzügige Schlaufe.

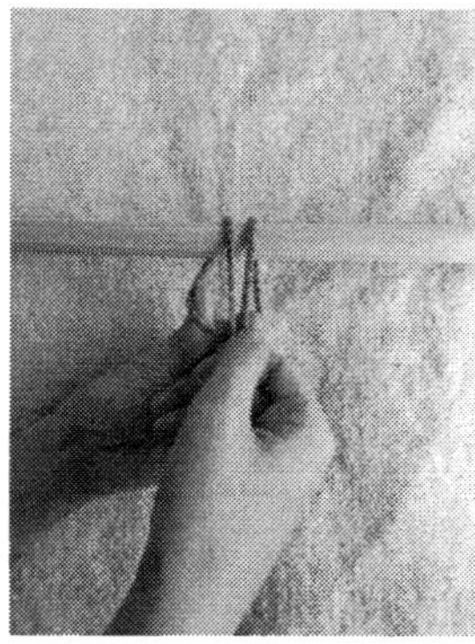

2. Schlage die Schlaufe nach hinten um das Ankerelement, während du die beiden Enden mit der anderen Hand festhältst. Fasse mit dem Daumen und dem Zeigefinger der Hand, welche die Schlaufe hält, durch diese. Greife nach den beiden Fäden.

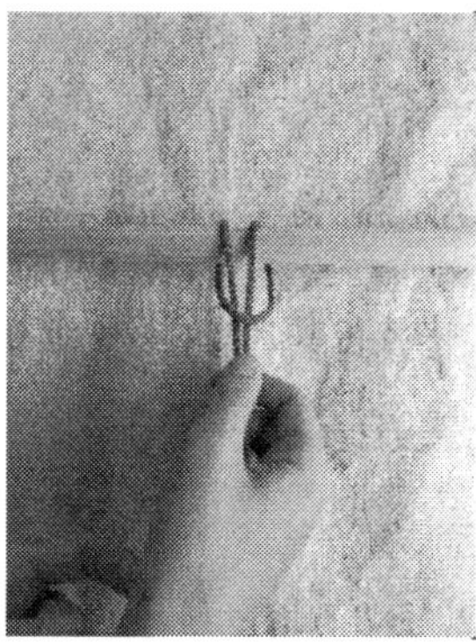

3. Ziehe die beiden Fäden nach hinten durch die Schlaufe.

4. Ziehe den Knoten fest.

Alle Knoten kannst du dir online als Video ansehen. So kannst du sie noch leichter nachvollziehen. **Die Fotos und Texte hier sollen nur als kleine Unterstützung dienen. Am besten machst du einfach jeden Handgriff beim Anschauen meiner Videos nach.** Hierzu kannst du die Wiedergabegegeschwindigkeit im YouTube-Player auf 0,25x einstellen und regelmäßig pausieren.

Tippe oder scanne einfach folgenden Link ab, um zu der Video-Übersicht zu gelangen. Hinweis: Die Videos, die zu diesem Buch gehören findest du nicht wie gewohnt über die YouTube-Suche. Du erreichtst sie nur über die Links in dieser Übersicht: linktr.ee/knuepfdichgluecklich

Kreuzknoten

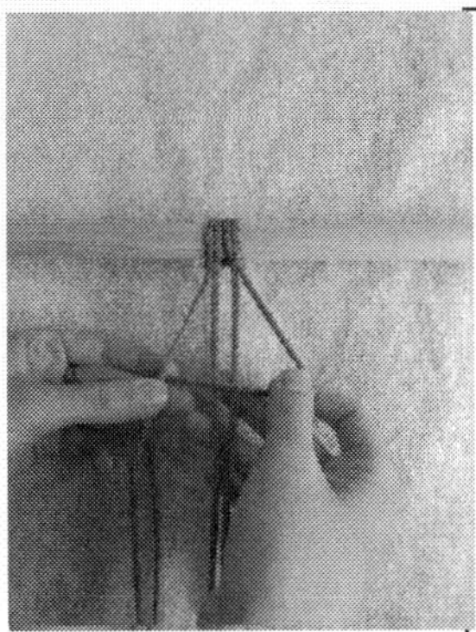

1. Du hast zwei Fäden mit dem Ankerknoten um das Ankerelement geknotet und kannst dich nun an den Kreuzknoten machen: Greife mit deiner Hand den äußersten linken Faden.

2. Mit dem Ringfinger deiner linken Hand fasst du die beiden Fäden in der Mitte.

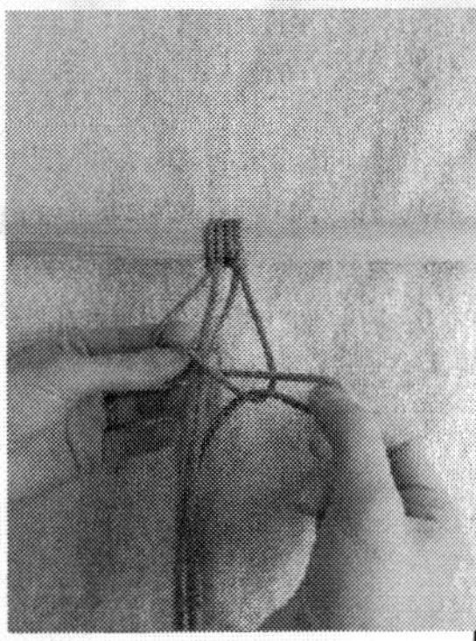

3. Dein rechter Daumen und dein rechter Zeigefinger greifen den äußersten rechten Faden.

4. Mit deinem linken Zeigefinger greifst du nach dem äußersten rechten Faden und legst ihn nach links über die beiden mittigen Fäden.

5. Lasse den äußersten linken Faden fallen, sodass er über dem rechten Faden landet.

6. Auf der äußeren rechten Seite hat sich eine Schlaufe gebildet.

7. Führe den äußersten linken Faden, welchen du gerade fallen gelassen hast, hinter den beiden mittigen Fäden vorbei und ziehe ihn von hinten durch die Schlaufe rechts.

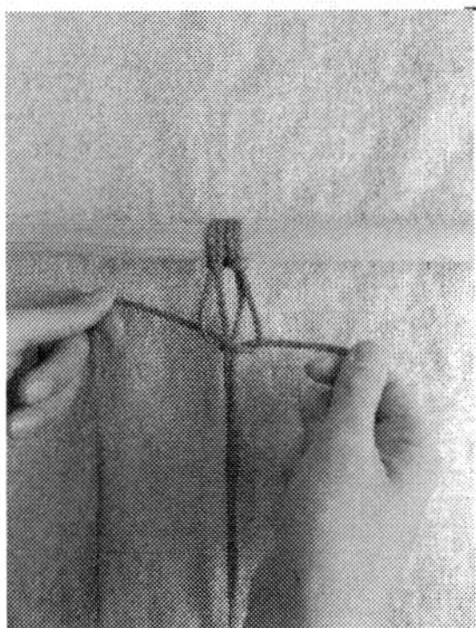

8. Ziehe gleichzeitig an den beiden äußeren Fäden, um den Knoten zu bilden. Festziehen.

9. Führe nun den linken äußersten Faden vor den beiden mittigen Fäden auf die rechte Seite und greife ihn dort mit dem Ringfinger deiner linken Hand. Mit dieser führst du den Faden hinter den beiden mittigen Fäden durch die Schlaufe, welche sich auf der linken Seite gebildet hat. Ziehe auch diesen Knoten fest.

Wellenknoten

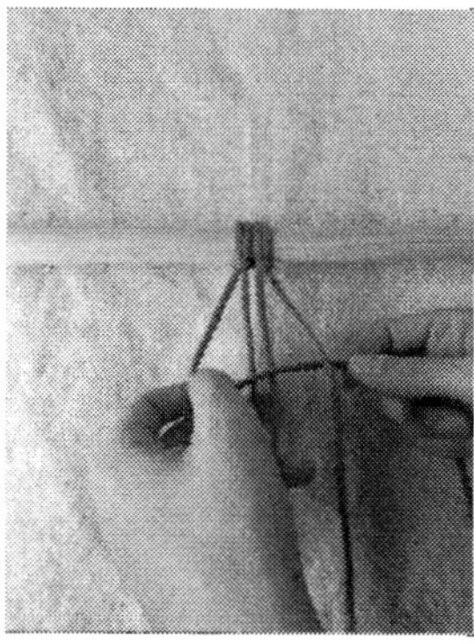

1. Du greifst den äußersten linken Faden zwischen deinem rechten Daumen und deinem rechten Zeigefinger, führst diesen über die beiden mittigen Fäden auf die rechte Seite und legst ihn dort über den äußersten rechten Faden.

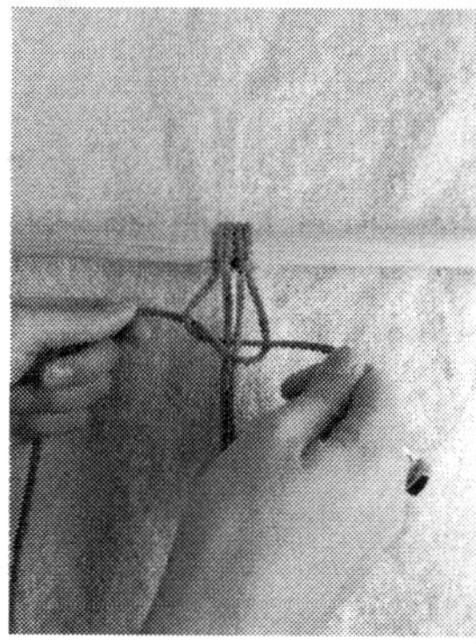

2. Halte den auf die rechte Seite geführten Faden zwischen deinem Mittelfinger und deinem Ringfinger fest und führe den äußersten rechten Faden vor den beiden mittleren Fäden entlang nach links. Führe ihn von vorne durch die Schlaufe, welche sich auf der linken Seite gebildet hat.

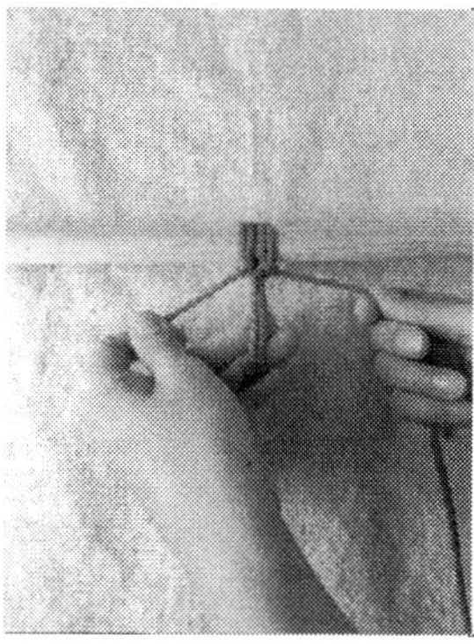

3. Ziehe an den beiden äußersten Fäden, um den Knoten festzuziehen.

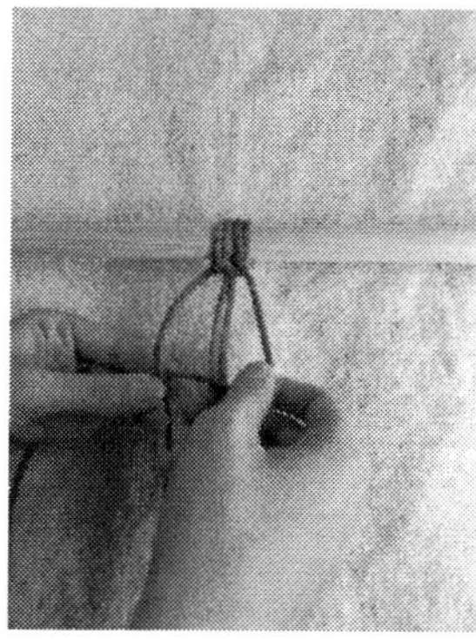

4. Greife den äußersten rechten Faden, führe diesen vor den beiden mittleren Fäden entlang auf die linke Seite und lasse den äußersten linken Faden über diesem fallen.

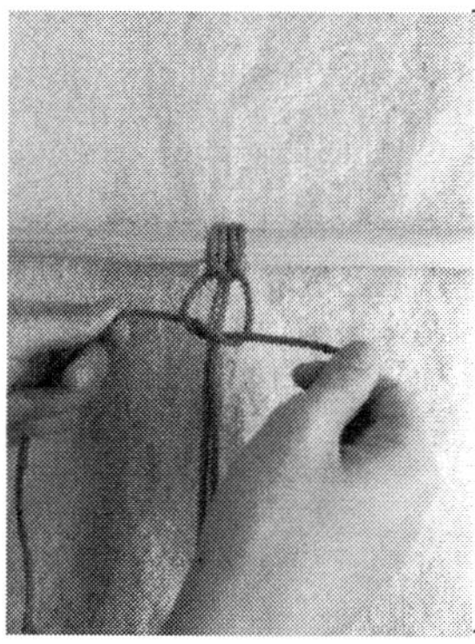

5. Führe den äußersten linken Faden hinter den beiden mittleren Fäden auf die rechte Seite und ziehe ihn von hinten durch die Schlaufe, welche sich auf der rechten Seite gebildet hat.

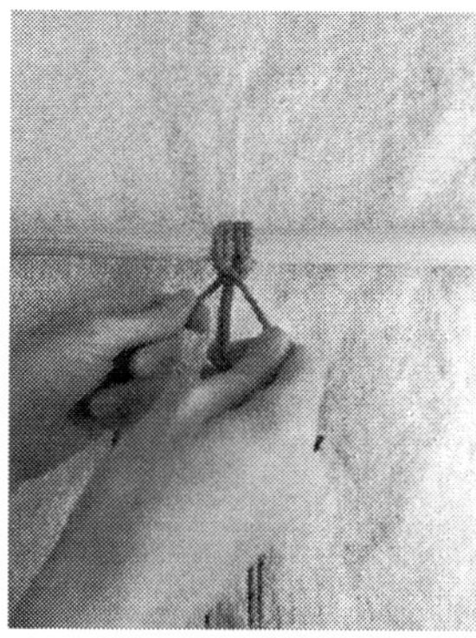

6. Ziehe an den beiden äußersten Fäden, um den Knoten festzuziehen.

Beerenknoten

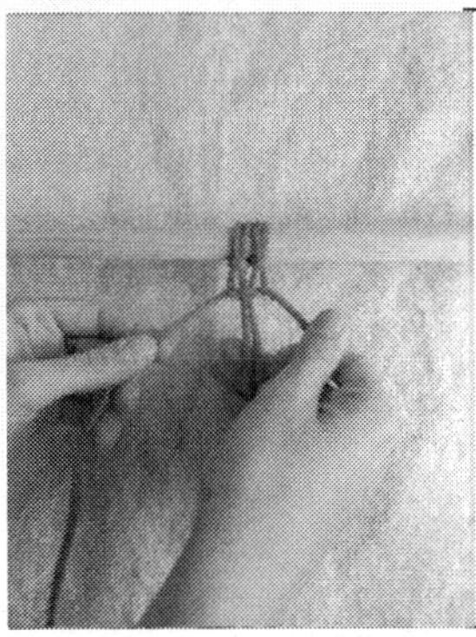

1. Um den Beerenknoten zu realisieren, musst du dir erst ein Grundgerüst aus mehreren aufeinanderfolgenden Knoten schaffen. Für diese Zwecke greifst du den rechten Faden und legst ihn vor den beiden mittigen Fäden auf die linke Seite.

2. Lasse den äußersten linken Faden über diesen fallen und führe ihn dann hinter den beiden mittigen Fäden auf die rechte Seite.

3. Führe ihn dort von hinten durch die Schlaufe, welche sich gebildet hat.

4. Ziehe gleichmäßig an den beiden äußeren Fäden, um den Knoten festzuziehen. Achte darauf, nicht zu fest zu ziehen und zwischen dem Ankerelement und dem ersten Knoten einen kleinen Abstand zu lassen (siehe Foto).

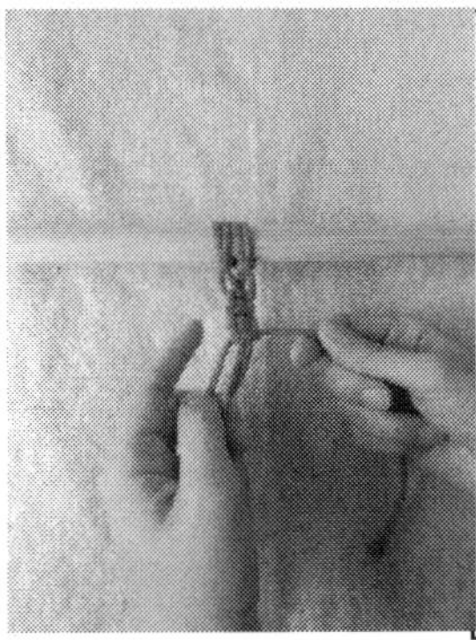

5. Führe diesen Schritt weitere fünf Male durch, so dass du in der Anzahl sechs aufeinanderfolgenden Knoten erhältst. Achte dabei darauf, abwechselnd den rechten Faden nach links und beim nächsten Knoten den linken Faden nach recht zu legen.

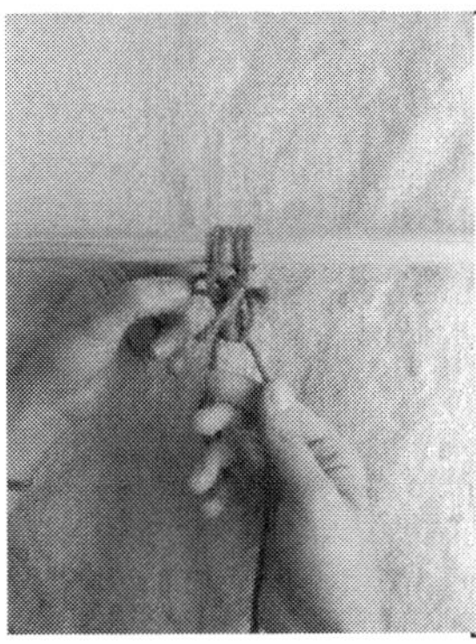

6. Greife nun die beiden mittleren Fäden an ihren Enden und führe sie von vorne durch die Öffnung der beiden Knoten, über welche du die beiden Arbeitsfäden an dem Ankerelement befestigt hast.

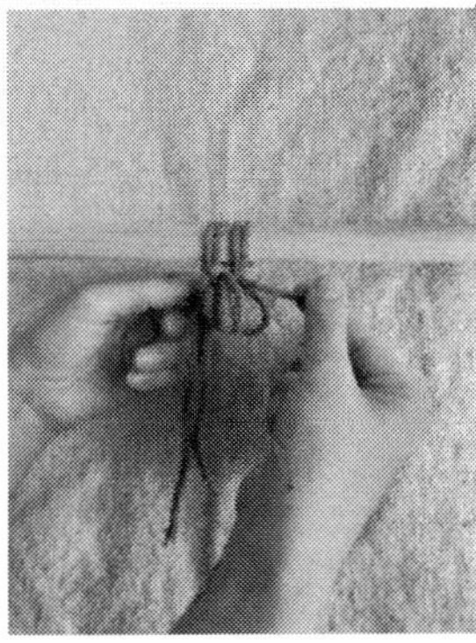

7. Greife dir nun den äußersten rechten Faden und führe auch diesen von vorne durch die Öffnung, durch welche du die beiden mittleren Fäden geführt hast. Dasselbe machst du nun mit dem äußersten linken Faden. Ziehe an allen vier Fäden, um diese festzuziehen.

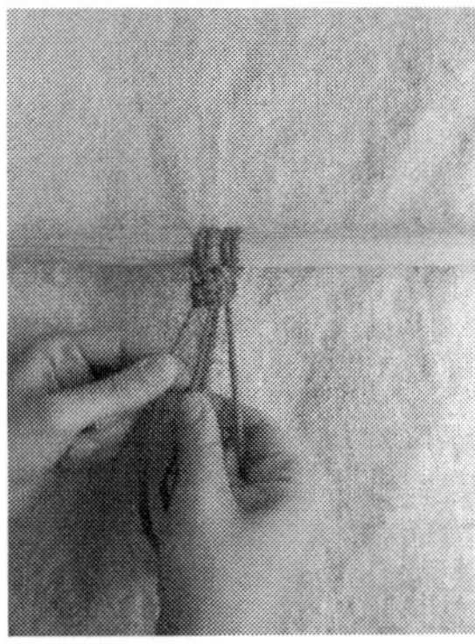

8. Wiederhole nun den Knoten aus dem ersten Bild.

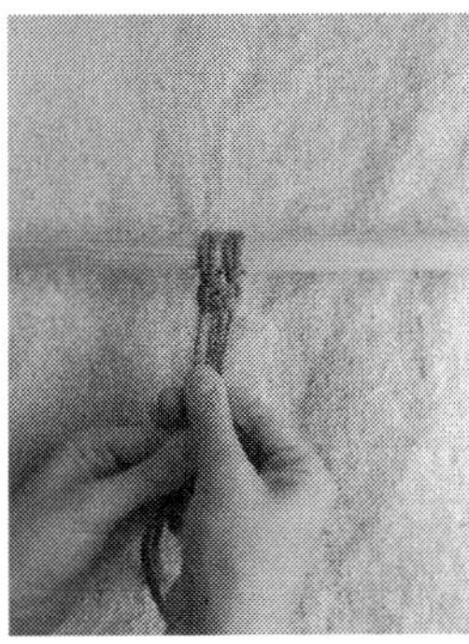

9. Ziehe den Knoten fest.

„Halber Schlag"-Knoten

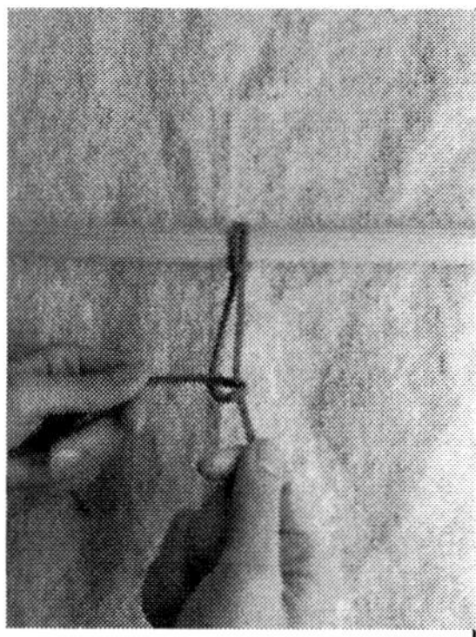

1. Du greifst den linken Faden und schlägst ihn von hinten unter deinem rechten Zeigefinger nach vorne.

2. Führe ihn vorne an dem rechten Faden vorbei und stecke ihn von hinten durch die Schlaufe, welche sich auf der linken Seite gebildet hat.

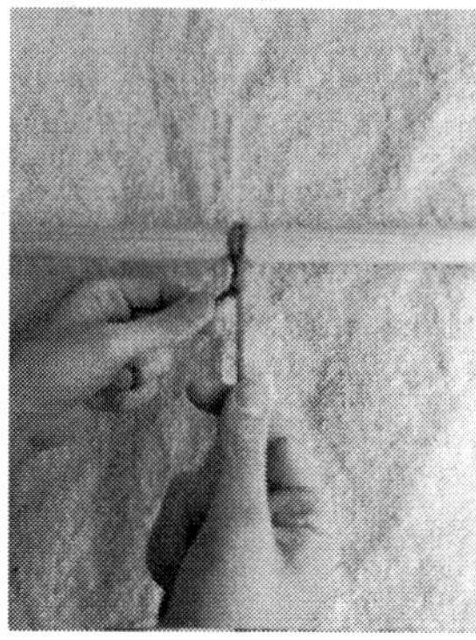

3. Wiederhole diesen Vorgang weitere vier Mal, sodass du in der Gesamtzahl fünf dieser Knoten hast. Beginne dabei immer von der linken Seite, ohne die rechte und die linke Seite abzuwechseln.

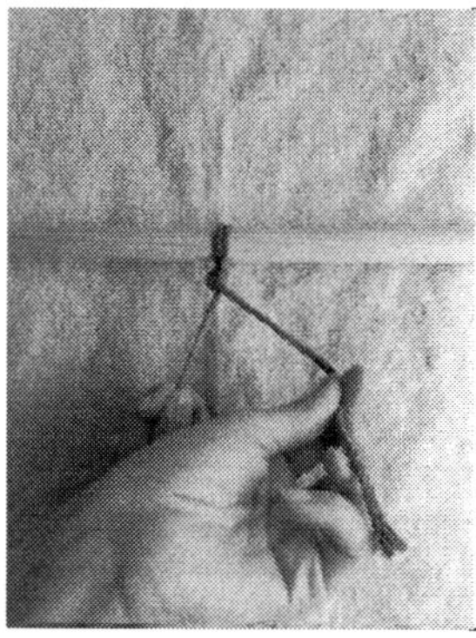

4. Führe nun den rechten Faden hinter den linken Faden auf die linke Seite.

5. Führe nun den oberen Faden hinter dem unteren Faden vorbei und führe ihn von vorne durch die Schlaufe, welche entstanden ist.

6. Ziehe den Knoten fest.

7. Wiederhole diesen Vorgang vier Mal, sodass du in der Anzahl fünf dieser Knoten erhältst.

Wickelknoten

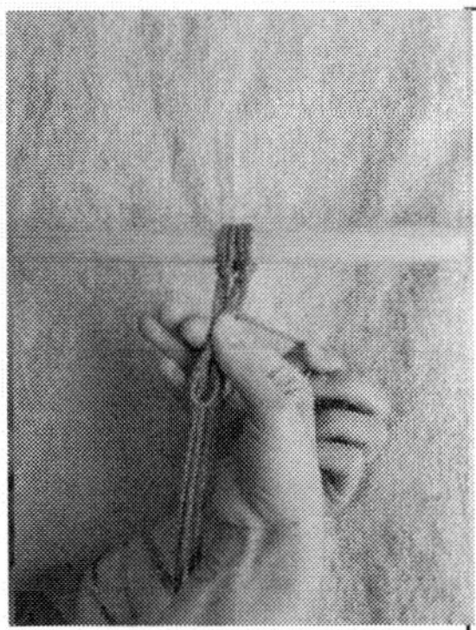

1. Nimm dir einen separaten Faden und halte das Ende an die vier Fäden, welche von deinem Ankerelement hängen.

2. Halte den Faden mit dem Daumen deiner rechten Hand fest und greife ihn mit deiner linken Hand etwas weiter unten. Schlage den Faden nach oben, sodass eine nach oben geöffnete Schlaufe entsteht.

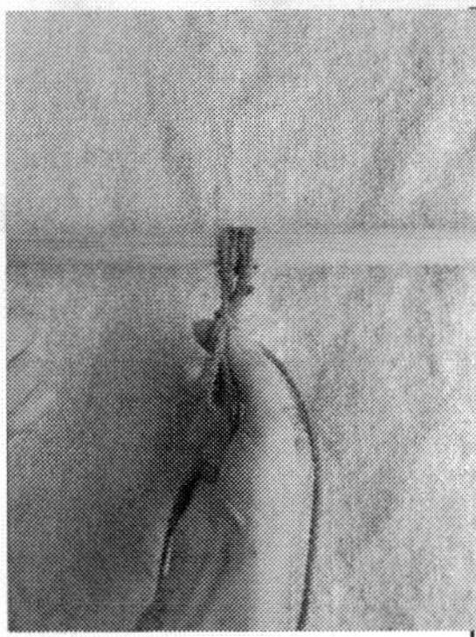

3. Führe den Faden nach rechts über das Ende, welches weiterhin vor den vier Fäden liegt und lasse es nach links hinter den vier Fäden entlang um diese laufen.

4. Wiederhole diesen Wickelvorgang weitere vier Mal, sodass du den Faden insgesamt fünf Mal um die Fäden gewickelt hast.

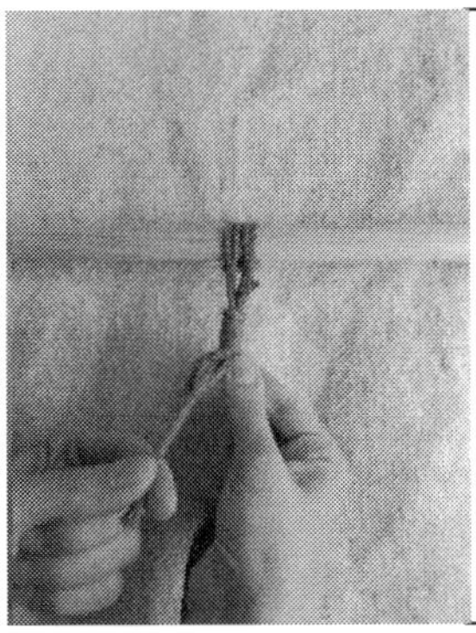

5. Führe den Faden nun von hinten durch die zuvor gebildete Schlaufe des separaten Fadens, welchen du um die vier Fäden gewickelt hast.

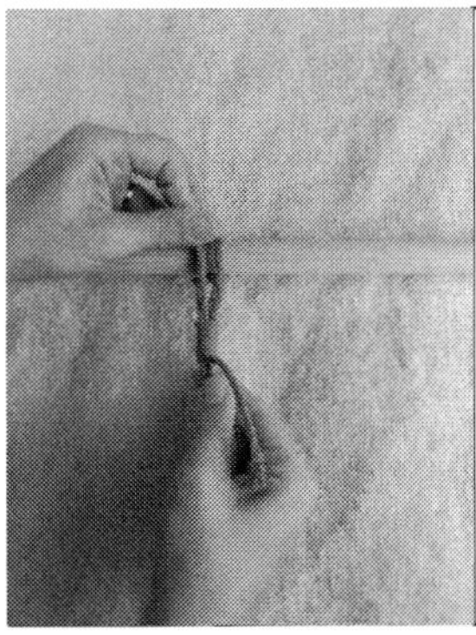

6. Ziehe den Knoten nicht von unten, sondern von oben fest. Dafür greifst du das obere Ende des separaten Fadens und ziehst dieses nach oben.

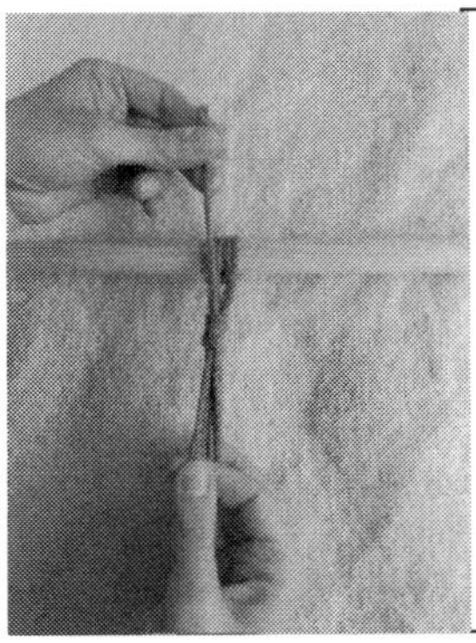

7. Ziehe wirklich fest, sodass sich der separate Faden gut festzieht und du das Ende dann, wie auf dem nächsten Bild dargestellt, abschneiden kannst, ohne dass sich der Knoten löst.

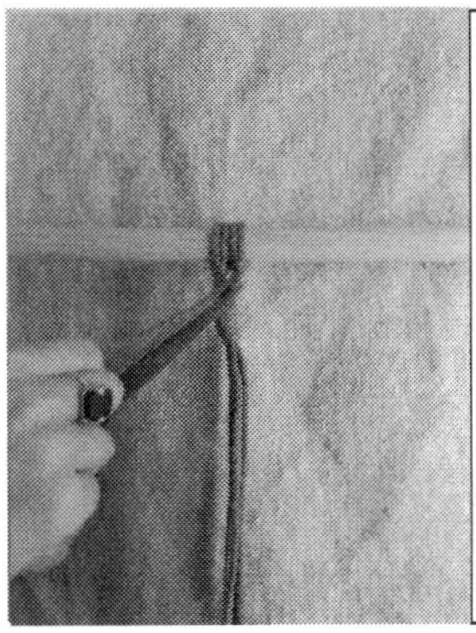

8. Nutze die Spitze der geschlossenen Schere, um das abgeschnittene Ende von oben weiter in den Knoten hineinzustecken. So kannst du möglicherweise sichtbare Überreste des Endes verbergen.

Rippenknoten

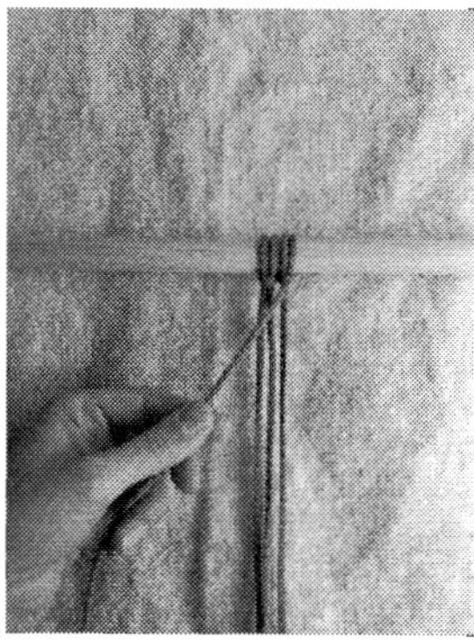

1. Lege den rechten äußeren Faden über den zweiten Faden von rechts.

2. Greife den zweiten Faden von rechts und schlage ihn von vorne um den rechten äußeren Faden, um ihn von hinten durch diesen zu führen.

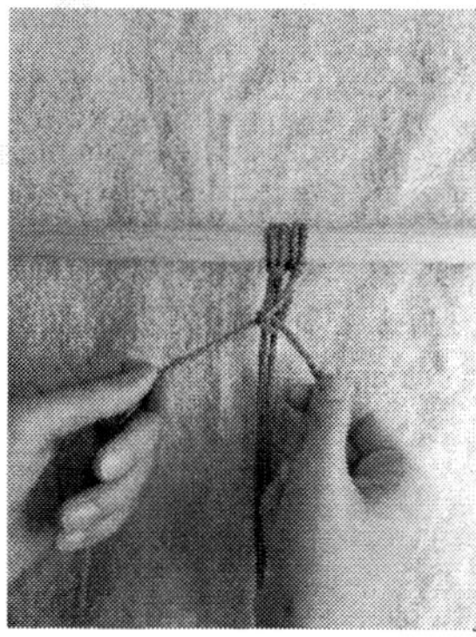

3. Ziehe den Knoten fest.

4. Wiederhole den Vorgang mit denselben Fäden.

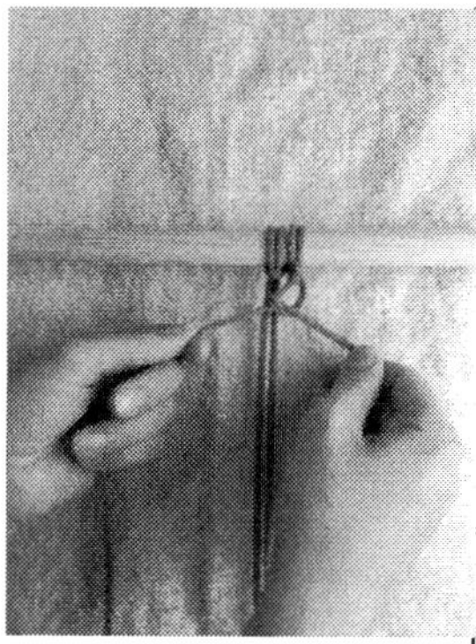

5. Nimm nun den zweiten Faden von rechts und führe denselben Vorgang durch. Der Unterschied besteht nun darin, dass du den zweiten Faden von rechts mit dem dritten Faden von rechts verknotest. Auch diesen Vorgang wiederholst du, sodass du in der Anzahl zwei Knoten hast.

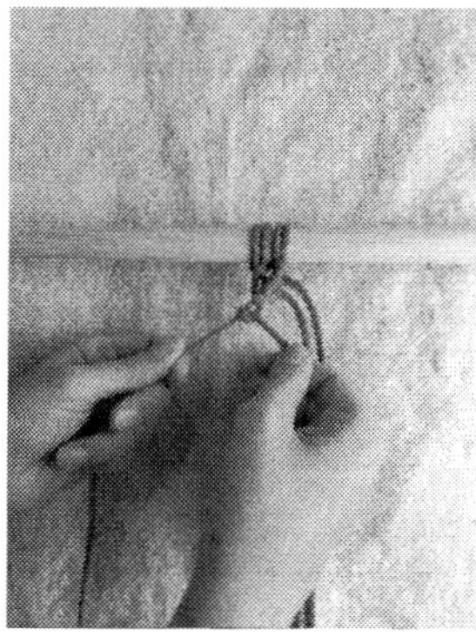

6. Nimm nun den dritten Faden von rechts und verknote diesen auf dieselbe Art und Weise mit dem dritten Faden von links. Auch hier machst du in der Anzahl wieder zwei Knoten.

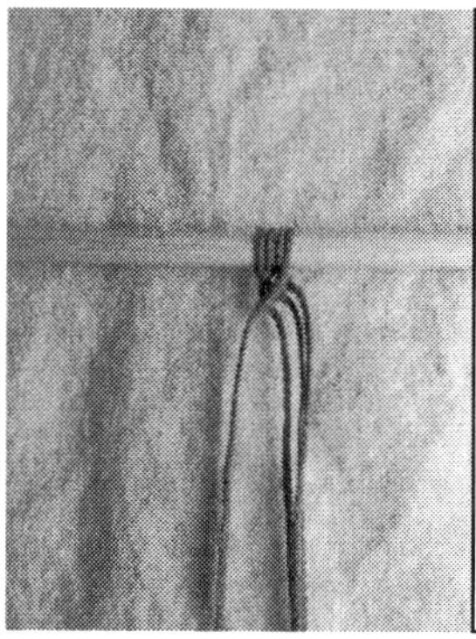

7. Führe diesen Vorgang solange durch, bis du die letzten beiden Fäden auf der linken Seite zweimal miteinander verknotet hast. Achte dabei darauf, die Knoten so fest zu ziehen, dass sie eine leichte Schräge nach unten bilden.

Spulenknoten

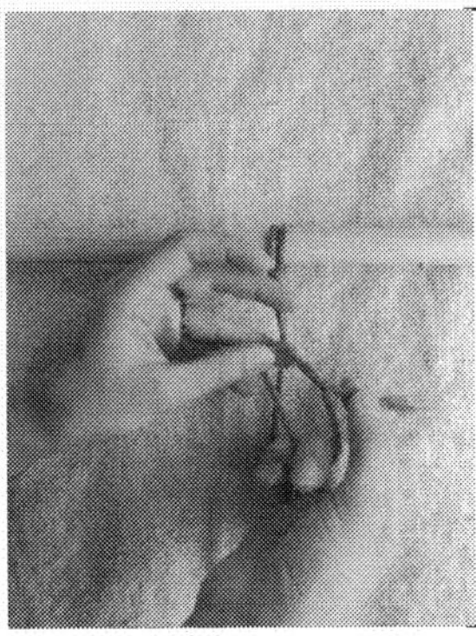

1. Fasse den linken Faden und bilde eine nach oben geöffnete Schlaufe.

2.Lege das Ende des Fadens nach rechts über die Schlaufe und stecke sie von hinten durch diese.

3. Wiederhole diesen Wickelvorgang weitere zwei Male, sodass du das Ende des Fadens insgesamt drei Mal durch die Schlaufe geführt und um den Faden gewickelt hast.

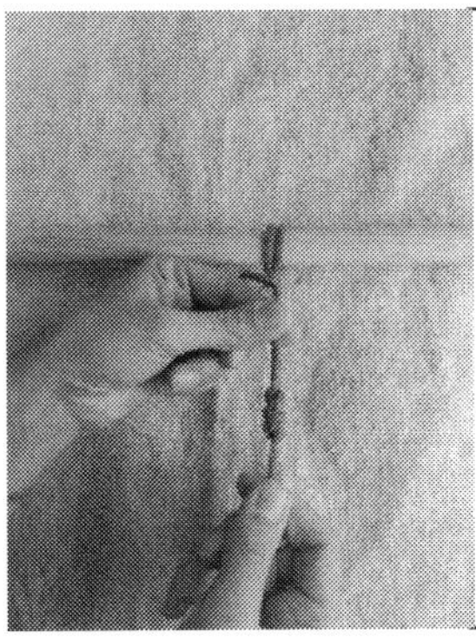

4. Ziehe oben und unten an dem Faden, um den Knoten festzuziehen.

Kronenknoten

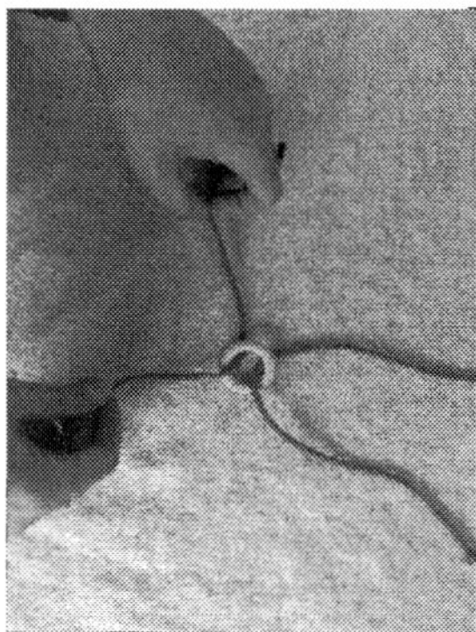

1. Lege die Fäden, wie auf dem Bild, sodass du diese gut greifen kannst.

2. Greife dir den Faden, welcher nach unten zeigt (siehe Beispielbild) und lege diesen gegen den Uhrzeigersinn über den sich rechts befindenden Faden.

3. Greife dir nun den Faden, über welchen du den ersten Faden gelegt hast und führe diesen über den nächsten Faden.

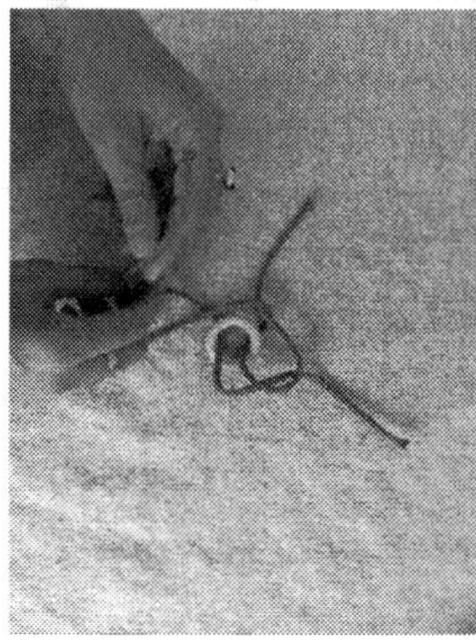

4. Wiederhole den Vorgang solange, bis du bei dem letzten Faden angekommen bist.

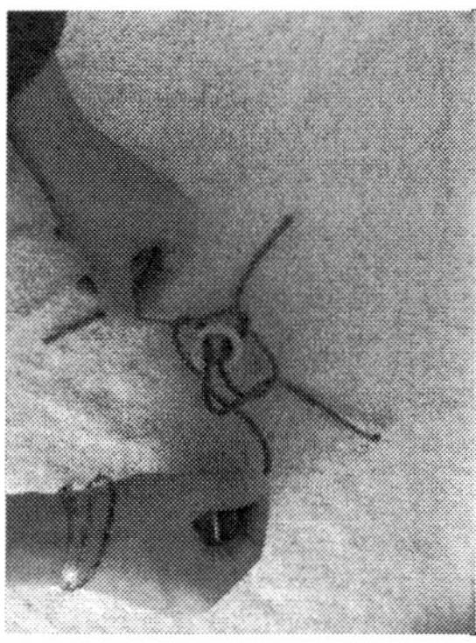

5. Diesen führst du nun von oben durch die Schlaufe, welche sich an dem Faden gebildet hat, welchen du als erstes in der Hand hattest.

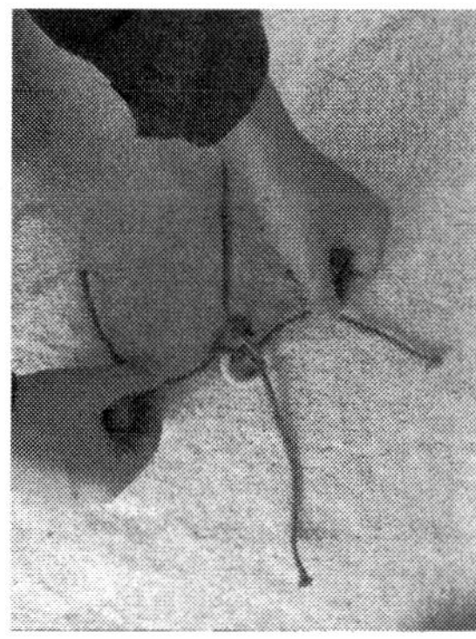

6. Ziehe an allen vier Enden gleichmäßig, sodass sich der Knoten bildet. Ziehe lieber vorsichtig und häufiger als zu schnell und zu fest.

Rautenform

Da die Rautenform sehr komplex und kleinschrittig ist und eine Darstellung per Foto daher wenig Sinn ergibt, findest du die Rautenform nur als Video.

Knote drei Fäden an dein Ankerstück, sodass in der Gesamtzahl sechs Fäden von diesem hängen.

Nimm die mittleren Fäden und verknote diese zwei Mal mit einem herkömmlichen Knoten miteinander.

Den Faden, welcher sich nun direkt neben dem dritten Faden von rechts befindet, verknotest du nun zwei Mal mit diesem.

Mache dies auch mit dem zweiten Faden von rechts und dem rechten äußeren Faden.

Nun machst du dasselbe mit den Fäden auf der linken Seite. Nimm dir den linken der beiden mittleren Fäden und verknote diesen der Reihe nach je zwei Mal mit den Fäden, bis zu schließlich beim äußersten linken Faden ankommst und auch diesen zwei Mal mit dem Faden verknotest.

Bei den Knoten auf der linken Seite musst du jedoch auf die richtige Technik achten. Nimm den linken mittleren Faden und lege ihn über den Faden zu seiner Linken.

Wickel ihn hinter den Faden und führe ihn von hinten nach Vorne durch die Schlaufe. Ziehe dann den Knoten fest.

Greife dir jetzt die beiden mittleren Fäden, den dritten Faden von links und den dritten Faden von rechts.

Lege den dritten Faden von links über die beiden mittleren Fäden auf die rechte Seite und führe ihn unter dem dritten Faden von rechts durch.

Nimm den dritten Faden von rechts und führe diesen hinter den beiden mittleren Fäden auf die linke Seite. Dort führst du ihn von hinten durch die Schlaufe, welche sich auf der linken Seite gebildet hat.

Ziehe an dem dritten Faden von rechts und dem dritten Faden von links, um den Knoten festzuziehen.

Wiederhole diesen Vorgang. Dieses Mal jedoch spiegelverkehrt von rechts nach links.

Nimm dir die beiden rechten Fäden und lege den äußeren rechten Faden nach links über den zweiten Faden von rechts. Schlage den zweiten Faden von rechts von unten nach oben über den äußeren rechten Faden und führe ihn durch die Schlaufe, um den Knoten zu bilden. Wiederhole diesen Vorgang, sodass du in der Anzahl wieder zwei Knoten hast. Nun wiederholen sich, im Grunde genommen, alle Schritte von vorne. Der Unterschied ist, dass nun von außen in die Mitte geknotet wird. Achte bei der linken Seite darauf, dass du den linken äußeren Faden über den zweiten Faden von links legst, da du sozusagen nach rechts knotest.

Der Abschluss der Rautenform erfolgt mit einem normalen und herkömmlichen Knoten.

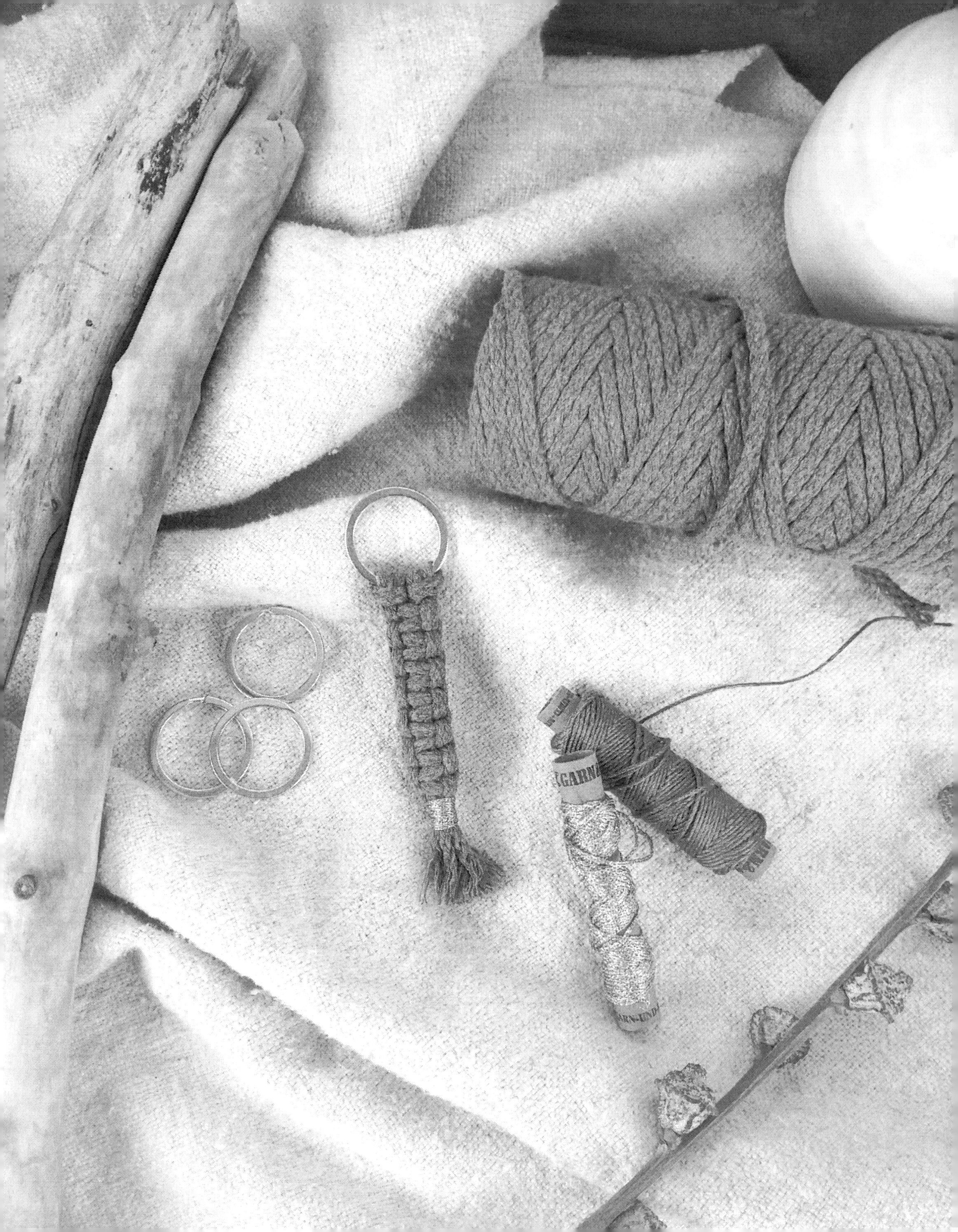

Schlüsselanhänger „Tamara“

Dieser Schlüsselanhänger eignet sich sehr gut zur Übung des Kreuzknotens und du kannst zugleich selbst kreativ werden und verschiedene Farben und Längen ausprobieren.

Schwierigkeit:

Zeitaufwand:

Diese Materialien benötigst Du . . .

- 1x Schlüsselring 3cm
- 2x 60cm Garn; geflochten; 4mm
- 1x 25cm Bäckergarn
- Schere
- Klemmbrett

Deine Notizen:

MADE WITH LOVE

So gehst Du vor. . .

1 Befestige beide Garne per Ankerstich nebeneinander an den Schlüsselring, sodass die beiden innen liegenden Garne ca. 15 cm, die beiden äußeren ca. 45 cm lang sind.

2 Befestige den Schlüsselring am Klemmbrett.

3 Beginne mit dem Kreuzknoten und wiederhole diesen Vorgang, bis insgesamt 7 Kreuzknoten geknüpft sind.

4 Bündele die vier Garne mit dem Bäckergarn per Wickelknoten fest.

5 Kürze nach Belieben die überstehenden Garnenden.

Tipp: Falls Du bei aufeinander folgenden Kreuzknoten nicht mehr weißt, auf welcher Seite der nächste Knoten geknüpft werden muss, dann beginne immer bei der letzen, oben liegenden, seitlichen Schlaufe.

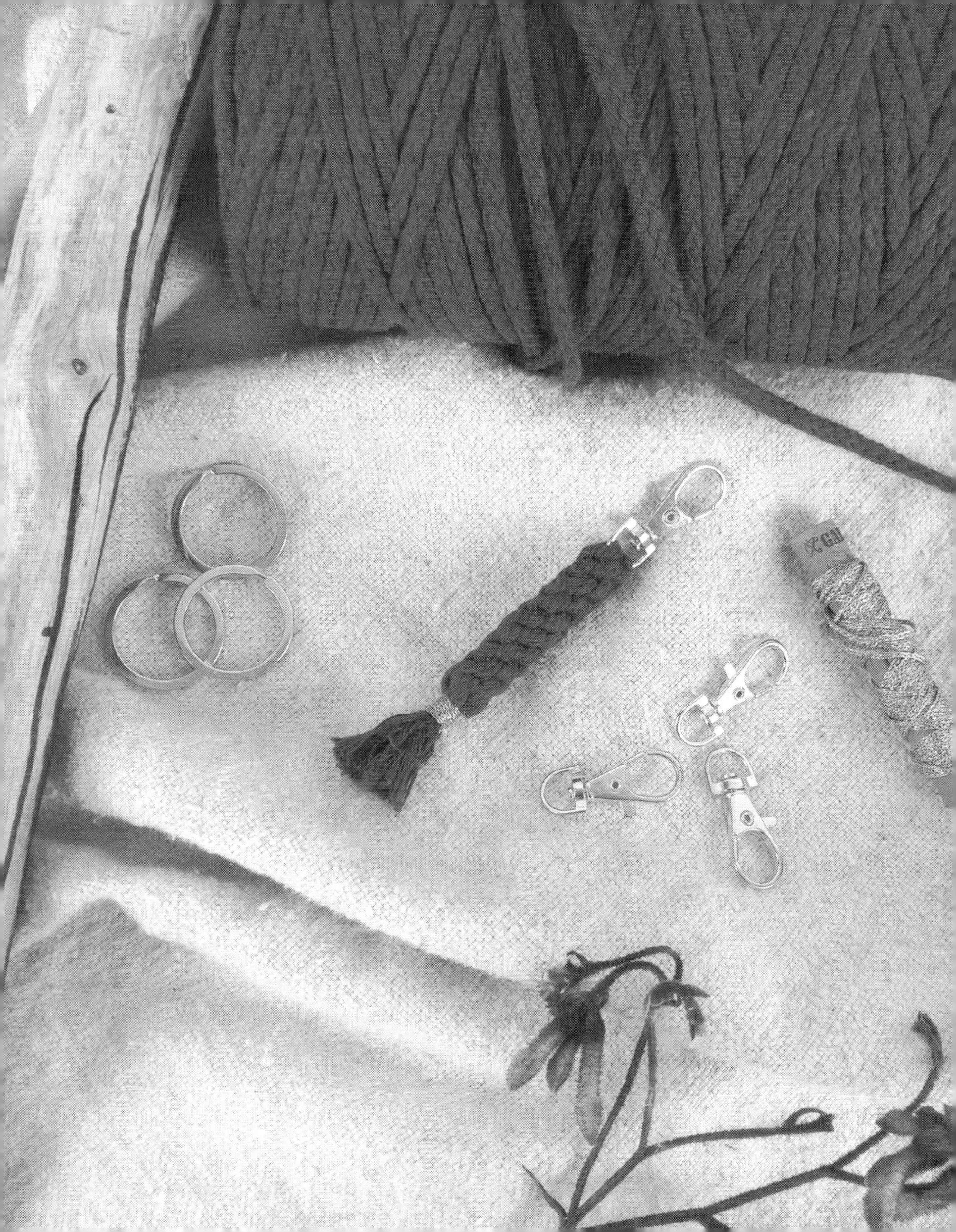

Schlüsselanhänger „Marie“

Dieser Schlüsselanhänger eignet sich sehr gut zur Übung des Kronenknotens. Die Dicke des Schlüsselanhängers kannst du durch doppelt so viele Garne verändern. Probiere es aus!

Schwierigkeit: 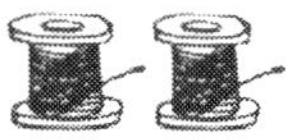

Zeitaufwand: 

Diese Materialien benötigst Du . . .

- 1x kleiner Schlüsselkarabiner
- 2x 60cm Garn; geflochten; 4mm
- 1x 25cm Bäckergarn
- Schere
- Klemmbrett

Deine Notizen:

So gehst Du vor...

1 Lege beide Garne durch die Öse des Karabiners, sodass alle vier Enden gleich lang sind.

2 Befestige den Karabiner am Klemmbrett.

3 Beginne mit dem Kronenknoten und wiederhole diesen, bis insgesamt acht Knoten geknüpft sind.

4 Bündele die vier Garne mit dem Bäckergarn per Wickelknoten fest.

5 Kürze nach Belieben die überstehenden Garnenden.

Schlüsselanhänger „Susie“

Dieser Schlüsselanhänger eignet sich sehr gut zur Übung des Rippenknotens in Rautenform. Hier kannst du deiner Kreativität freien Lauf lassen und z.B. einen Garn dazunehmen, um eine breitere Raute zu knüpfen.

Schwierigkeit: 

Zeitaufwand: 

Diese Materialien benötigst Du . . .

- 1x Schlüsselring 3cm
- 3x 1m Garn; geflochten; 4mm
- 1x 25 cm Bäckergarn
- Schere
- Klemmbrett

Deine Notizen:

So gehst Du vor. . .

1 Befestige alle drei Garne per Ankerstich nebeneinander an den Schlüsselring, sodass alle sechs Enden gleich lang sind.

2 Befestige den Schlüsselring am Klemmbrett.

3 Hier fertigst du den Rippenknoten von innen nach außen setze mittig einen Kreuzknoten in Rautenform

4 Setze zwei Rippenknoten von innen, sodass eine Rautenform entsteht.

5 Wiederhole diesen Vorgang noch einmal.

6 Bündele die sechs Garne mit dem Bäckergarn per Wickelknoten fest.

7 Kürze nach Belieben die überstehenden Garnenden.

HAND MADE

Schlüsselanhänger „Toni“

Da dieser Schlüsselanhänger etwas größer ist, macht er sich auch sehr gut als Handtaschen- oder Rucksack-Anhänger. Probiere auch andere Farben aus.

Schwierigkeit: 

Zeitaufwand: 

Diese Materialien benötigst Du . . .

- 4x m Garn; gezwirnt; 4mm
- 1x 25cm Bäckergarn
- Schere
- Klemmbrett

Deine Notizen:

So gehst Du vor...

1 Befestige alle vier Garne per Ankerstich nebeneinander durch die Öse des Karabiners, sodass alle acht Enden gleich lang sind.

2 Befestige den Karabiner am Klemmbrett.

3 Beginne mit einem Rippenknoten der zwei mittleren Garne.

4 Der zweite Garn von links ist der Leitfaden der nächsten Rippenknotenreihe - knüpfe hier zwei Rippenknoten.

5 Der zweite Garn von rechts ist der Leitfaden der nächsten Rippenknotenreihe - knüpfe hier drei Rippenknoten.

6 Der äußere Garn von rechts ist der Leitfaden der nächsten Rippenknotenreihe - knüpfe hier drei Rippenknoten.

7 Der äußere Garn von links ist der Leitfaden der nächsten Rippenknotenreihe - knüpfe hier vier Rippenknoten.

Schnullerkette „Bob“

Die Schnullerkette ist eine schöne Idee für ein Geschenk zur Geburt. Beim Kauf des Schnullerclips ist darauf zu achten, dass er geprüft ist.

Schwierigkeit:

Zeitaufwand:

Diese Materialien benötigst Du . . .

- 1x Schnullerclip Holz natur
- 1x 2,90 m Garn; geflochten; 4mm
- Schere
- Klemmbrett

Deine Notizen:

So gehst Du vor. . .

1 Befestige den Garn per Ankerstich an die Öse des Schnullerclips, sodass der innen liegende Garn ca. 40 cm, der außen liegende Garn ca. 2,50 m lang ist.

2 Befestige den Schnullerclip am Klemmbrett.

3 Knüpfe den "Halber- Schlag-Knoten" so lange, bis ca. acht Spiralen entstanden sind.

4 Setze als Endpunkt einen einfachen Knoten.

5 Verknote beide Garnenden am unteren Ende, sodass eine Schlaufe als Schnullerbefestigung entsteht.

6 Kürze nach Belieben die überstehenden Garnenden.

Schnullerkette „Antonia“

Wer Lust auf Farbe hat, kann hier auch zwei verschiedene Farben benutzen. Achte beim Kauf des Schnullerclips darauf, ob er geprüft ist!

Schwierigkeit:

Zeitaufwand:

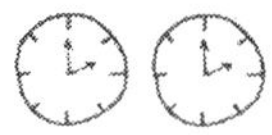

Diese Materialien benötigst Du . . .

- 1x Schnullerclip Holz natur
- 2x 3 m Garn; geflochten; 4mm
- 1x 40 cm Garn; geflochten; 4mm
- Schere
- Klemmbrett

Deine Notizen:

So gehst Du vor...

1 Lege beide 3m-Garne durch die Öse des Schnullerclips, sodass die beiden innen liegenden Garne ca. 40 cm, die beiden außen liegenden Garne ca. 2,60 m lang sind.

2 Befestige den Schnullerclip am Klemmbrett.

3 Knüpfe den Wellenknoten so lange. bis ca. 13 Spiralen entstanden sind.

4 Bündele die vier Garne mit dem 40 cm langen Garn per Wickelknoten fest und schneide dabei zwei Garne so kurz ab, dass diese unter dem Wickelknoten liegen. Die restlichen zwei Garne sollten noch ca. 10 cm lang sein.

5 Verknote jetzt beide Garne am unteren Ende, sodass eine Schlaufe als Schnullerbefestigung entsteht.

6 Kürze nach Belieben die überstehenden Garnenden.

Geburtstagskrone

Diese Krone ist sicher für jedes Geburtstagskind etwas ganz Besonderes und lässt die Kinderaugen strahlen.

Schwierigkeit: 

Zeitaufwand: 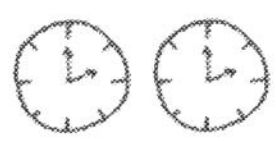

Diese Materialien benötigst Du . . .

- 1x 1,50 m Garn; geflochten; 4mm
- 30x 90 cm Garn; geflochten; 4mm
- Schere

Deine Notizen:

So gehst Du vor...

1 Lege den 1,50 m langen Garn doppelt.

2 Befestige die 30 Garne per Ankerstich nebeneinander an den doppelt gelegten Garn.

3 Beginne mittig und setze die Ankerstiche gleichmäßig nach links und rechts fort.

4 Knüpfe zwei Reihen Kreuzknoten von links nach rechts.

5 Um die links-seitige Kronenzacke zu formen, knüpfe einen weiteren Kreuzknoten in der dritten Reihe.

6 Knüpfe mit dem äußeren linken Garn als Leitfaden per Rippenknoten in Richtung Zackenspitze.

7 Um die zweite Kronenzacke zu formen, knüpfe zwei weitere Kreuzknoten in der 3. Reihe, darauffolgend einen Kreuzknoten in die vierte Reihe.

8 Knüpfe mit dem äußeren linken Garn als Leitfaden in Richtung Zackenspitze.

9 Knüpfe mit dem Leitfaden, welcher aus der 3 Reihe nach dem 3 Kreuzknoten läuft, per Rippenknoten in Richtung Zackenspitze.

10 Wiederhole die letzten sechs Schritte spiegelverkehrt von rechts nach links.

11 Um die mittlere Kronenzacke zu formen, knüpfe drei weitere Kreuzknoten in der dritten Reihe, darauffolgend zwei weitere Kreuzknoten in der vierten Reihe und einen letzten Kreuzknoten in der fünften Reihe.

12 Knüpfe mit dem äußeren linken Garn als Leitfaden per Rippenknoten in Richtung Zackenspitze.

13 Knüpfe mit dem Leitfaden, welcher aus der 3 Reihe nach dem 4. Kreuzknoten läuft, per Rippenknoten Richtung Zackenspitze.

14 Wiederhole die letzten beiden Schritte anliegend an die letzten beiden Rippenknotenreihen.

15 Setzte mit den mittleren vier Garnen an der mittleren Spitze einen Beerenknoten.

16 Kürze die überstehenden Garnenden gleichmäßig.

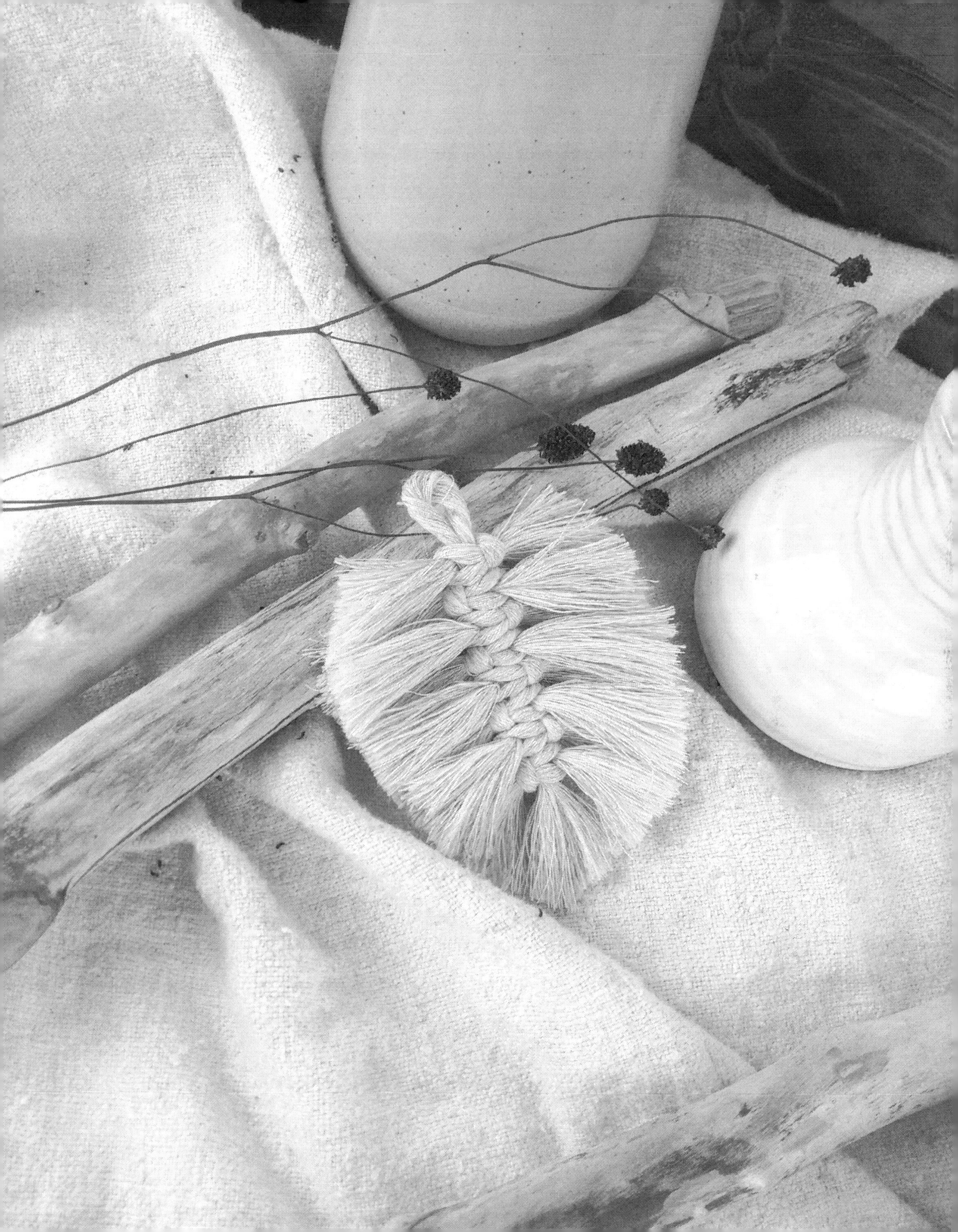

Makrameefeder

Die Makrameefeder macht sich auch sehr gut als Extra an einem Wandbehang oder du fertigst aus meheren Federn ein tolles Mobile.

Schwierigkeit: 

Zeitaufwand: 

Diese Materialien benötigst Du . . .

- 1x 40cm Garn; gezwirnt; 4mm
- 16x 14cm Garn; gezwirnt; 4mm
- Schere
- Kamm

Deine Notizen:

So gehst Du vor. . .

1 Der 40 cm-Garn stellt die Mitte der Feder dar und zeigt somit senkrecht nach unten. Die anderen Garne werden waagrecht an ihn geknüpt.

2 Nimm einen 14 cm-Garn bei der Hälfte und lege ihn mit der geschlossenen Seite unter den senkrecht liegenden Garn.

3 Nehme den nächsten 14 cm-Garn bei der Hälfte und lege die Schlaufe der geschlossenen Seite von unten zuerst durch die erste Schlaufe über den senkrechten Garn und ziehe die beiden Garne der offenen Seite des Garns durch die Schlaufe durch. Das Foto vom Federknoten bietet dir dabei Orientierung.

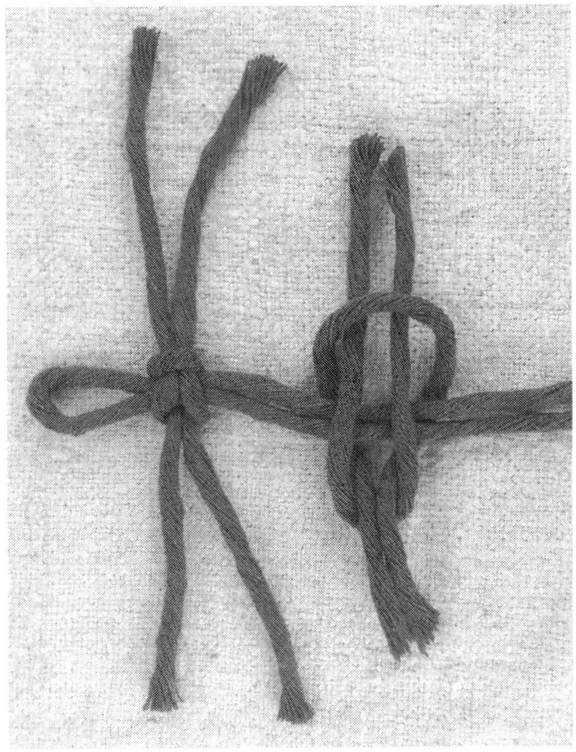

4 Ziehe an beiden Enden der waagrechten Garne.

5 Führe diesen Vorgang fort, bis du acht untereinanderliegende Knoten geknüpft hast.

6 Kämme alle Garne gut durch.

7 Bringe die Enden mit einer Schere in deine gewünschte Federform.

Windlicht

Dieses Windlicht ist einfach zu knüpfen und ist dabei ein echter Hingucker. Es eignet sich genauso gut als Vasenverkleidung.

Schwierigkeit:

Zeitaufwand:

Diese Materialien benötigst Du . . .

- 1x 140 cm Garn; geflochten; 4mm
- 15x 110 cm Garn geflochten 4mm
- 1x Glas: Breite ca. 13 cm; Höhe ca. 15 cm
- Schere

Deine Notizen:

So gehst Du vor...

1 Lege den 140 cm-Garn um den Glashals und verknote es, sodass beide Enden gleich lang sind.

2 Nimm den Garn danach noch einmal vom Glashals ab, um die 15x 110 cm Garne wie in den nächsten Schritten beschrieben anzuknüpfen.

3 Beginne hier direkt neben dem bereits vorhandenen Knoten.

4 Knüpfe vier mal vier Knoten nebeneinander, sodass eine Reihe von vier Knoten nebeneinander immer im gleichen Abstand zueinander liegen bzw. gegenüberliegen.

5 Öffne den ersten Knoten wieder, lege ihn erneut um den Glashals und knote in fest.

6 Knüpfe mit den beiden äußeren Garnen der Vierergruppe einen Kreuzknoten.

7 Wiederhole diesen Vorgang bei allen anderen Vierergruppen.

8 Knüpfe mit den äußeren vier Garnen rechts 5x den Kreuzknoten in Richtung rechts.

9 Wiederhole diesen Vorgang mit den äußeren 4 Garnen links in Richtung links.

10 Wiederhole die letzten beiden Schritte mit den anderen Vierergruppen.

11 Verbinde nun die acht zusammenkommenden Garne zweier Vierergruppen mit einem großen Kreuzknoten. Wiederhole den Vorgang.

12 Wiederhole die letzten vier Punkte, sodass eine Rautenform entsteht.

13 Kürze nach Belieben die überstehenden Garnenden.

Windlicht „Momo“

Das besondere Muster dieses Windlichts macht ein warmes Licht und lässt jeden Raum gleich gemütlicher wirken.

Schwierigkeit: 

Zeitaufwand: 

Diese Materialien benötigst Du . . .

- 1x 120 cm Garn; geflochten; 4mm
- 29x 95 cm Garn; geflochten; 4mm
- 1x Glas Breite ca. 13 cm Höhe ca. 15 cm
- Schere

Deine Notizen:

So gehst Du vor. . .

1 Lege den 120 cm-Garn um den Glashals und verknote ihn, sodass beide Enden gleich lang sind.

2 Nimm den Garn danach noch einmal vom Glashals ab, um die 29x 95 cm Garne nebeneinander per Ankerstich anzuknüpfen.

3 Beginne hier direkt neben dem bereits vorhandenen Knoten.

4 Öffne den ersten Knoten wieder, lege ihn erneut um den Glashals und knote ihn fest.

5 Benutze den äußeren Garn links von drei Pärchen als Leitfaden und knüpfe 5 x den Rippenknoten mit den nächsten Garnen nach schräg rechts unten.

6 Wiederhole den Vorgang in der nächsten Reihe anliegend an die vorherige Reihe.

7 Lasse bei der nächsten Reihe die beiden äußeren Garne frei und benutze den dritten Garn von links als Leitfaden.

8 Knüpfe 3 x den Rippenknoten.

9 Lasse bei der nächsten Reihe den äußeren Garn frei und benutze den vierten Garn von links als Leitfaden.

10 Knüpfe zwei Rippenknoten.

11 Wiederhole die letzen sechs Vorgänge mit den nächsten drei Pärchen nach schräg links unten.

12 Verbinde das Muster dann zu unterst mit einem Rippenknoten.

13 Wiederhole die letzten acht Vorgänge mit den nächsten Reihen.

14 Nimm aus dem letzen Muster den untersten nach links zeigenden Garn als Leitfaden.

15 Knüpfe mit dem nächsten linken Garn einen Rippenknoten nach links mittig, knüpfe dann mit dem nachfolgenden Garnen je einen Rippenknoten weiter nach links mittig.

16 Knüpfe diesen Vorgang nach dem Prinzip des ersten Musters weiter.

17 Wiederhole die letzten drei Vorgänge mit den nächsten Reihen.

18 Verbinde auch hier das Muster zu unterst mit einem Rippenknoten.

19 Schneide die Garnenden entlang des unteren Glasrandes ab.

Yogamattengurt

Der Yogamattengurt ist praktisch zum einfachen Transportieren deiner Yogamatte und du kannst dir die Farbe passend zu deiner Yogamatte aussuchen.

Schwierigkeit: 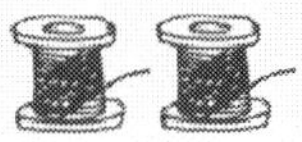

Zeitaufwand: 

Diese Materialien benötigst Du . . .

- 2x 9m Garn; geflochten; 4mm
- 2x 40cm Garn; geflochten; 4mm
- 2x Holzringe; 6 cm Breite
- Ggf. Holzperlen
- Schere

Deine Notizen:

So gehst Du vor...

1. Lege beide 9 m Garne durch den Holzring, sodass die beiden innenliegenden Garne 2 m und die beiden äußeren 7m lang sind.
2. Nimm einen 40 cm langen Garn und beginne mit dem Wickelknoten für ca. 3 cm.
3. Knüpfe den Kreuzknoten für ca. 53 cm.
4. Knüpfe dann den Wellenknoten für ca. 26 cm.
5. Knüpfe anschließend wieder den Kreuzknoten für ca. 53 cm.
6. Lege dann die Garnenden mit ca. 3 cm Abstand zum letzen Kreuzknoten um den zweiten Holzring.
7. Nimm den übrigen 40 cm langen Garn und befestige per Wickelknoten die vier Garne.
8. Schmücke nach belieben Holzperlen ans Garnende und befestige sie mit einem einfachen Knoten.
9. Ziehe die Gurtenden je durch einen Ring, sodass eine Schlaufe entsteht.

Nikon

Kameragurt

Der Kameragurt ist für jeden Fotografen/in eine wichtige Sicherung der Kamera und dieser Gurt sieht dabei noch toll aus.

Schwierigkeit: 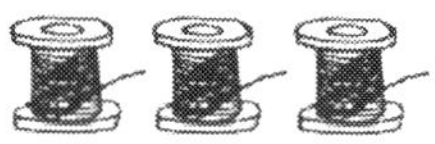

Zeitaufwand: 

Diese Materialien benötigst Du . . .

- 4x 9 m Garn; geflochten 4mm
- 2x 50 cm Bäckergarn
- 2x Karabiner
- Schere

Deine Notizen:

So gehst Du vor. . .

1 Lege alle vier 9 m-Garne durch die Öse des Karabiners, sodass alle acht Garne gleich lang sind.

2 Nimm einen 50 cm langen Bäckergarn und beginne mit dem Wickelknoten für ca. 3 cm.

3 Knüpfe den Wellemknoten für ca. 7 cm.

4 Dann fertigst du den Rippenknoten in Rautenform:

- Setze nach links und rechts je drei Rippenknoten von innen nach außen.
- Setze mittig einen Kreuzknoten.
- Setze drei Rippenknoten von außen nach innen, sodass eine Rautenform entsteht.
- Wiederhole diesen Vorgang für ca. 30 cm.

5 Knüpfe dann mit den linken äußeren vier Garnen einen Kreuzknoten.

6 Knüpfe direkt daneben mit den rechten äußeren Garnen einen Kreuzknoten.

7 Wiederhole die letzen drei Vorgänge für ca. 50 cm.

8 Knüpfe dann wieder den Rippenknoten in Rautenform für 30 cm.

9 Es folgt der Wellenknoten für ca. 7 cm.

10 Lege die Garnenden in die Öse des Karabiners.

11 Nimm einen 50 cm langen Bäckergarn und befestige per Wickelknoten die Garnenden.

12 Schneide die überstehenden Garnenden direkt unter dem Wickelknoten ab, sodass sie nicht mehr zu sehen sind.

13 Schiebe mit der Scherenspitze die herausschauenden Garnenden unter den Wickelknoten.

Schneeflocke

Diese Schneeflocke kannst du nach Belieben verändern. Je nach Garndicke, Garnanzahl und der Garnfarbe entstehen aus dem gleichen Muster verschieden Schneeflocken.

Schwierigkeit: 

Zeitaufwand: 

Diese Materialien benötigst Du . . .

- 1x 110 cm Garn; geflochten 2mm
- 9x 100 cm Garn; geflochten 2mm
- Schere

Deine Notizen:

So gehst Du vor...

1 Lege den 110 cm langen Garn doppelt.

2 Befestige 2 cm nach der gelegten Schlaufe einen 100 cm Garn per Ankerstich.

3 Knüpfe daneben die restlichen acht 100 cm Garne per Ankerstich an.

4 Ziehe dann das offene Garnende des doppelt gelegten Garns durch die Schlaufe und ziehe die Ankerstichreihe fest, sodass ein Kreis entsteht.

5 knüpfe an alle fünf entstandenen Garnpärchen einen Kreuzknoten

6 Nimm von zwei nebeneinander liegenden Kreuzknoten die jeweils nebeneinander liegenden Garnpärchen und knüpfe sie zu einem neuen Kreuzknoten.

7 Lasse beim nächsten Kreuzknoten einen ca. 4 cm großen Abstand.

8 Knüpfe noch vier weitere Kreuzknoten mit jeweils geringer werdenden Abstand zueinander.

9 Halte die beiden mittleren Garne mit Zeigefinger und Daumen fest und schiebe mit dem letzten Kreuzknoten in Richtung Kreuzknotenmitte.

10 Wiederhole die letzten vier Vorgänge viermal.

11 Bilde aus zwei langen Garnenden eine Schlaufe zum Aufhängen.

12 Kürze die restlichen überstehenden Garnenden.

Schneeflocke "Nikolaus"

Bei dieser Schneeflocke besteht die Möglichkeit, die Größe zu variieren, indem du eine weitere Reihe dazufügst. Denke aber dann daran, die Garnlänge anzupassen.

Schwierigkeit: 

Zeitaufwand: 

Diese Materialien benötigst Du . . .

- 1x 90 cm Garn; geflochten 2mm
- 9x 70 cm Garn; geflochten 2mm
- Schere

Deine Notizen:

So gehst Du vor. . .

1 Lege den 90 cm langen Garn doppelt.

2 Befestige 2 cm nach der gelegten Schlaufe einen 70 cm-Garn per Ankerstich.

3 Knüpfe daneben die restlichen acht 70 cm Garne per Ankerstich an.

4 Ziehe dann das offene Garnende des doppelt gelegten Garns durch die Schlaufe und ziehe die Ankerstichreihe fest, sodass ein Kreis entsteht.

5 Knüpfe an alle fünf entstandenen Garnpärchen zwei übereinander liegende Kreuzknoten.

6 Nimm von zwei nebeneinander liegenden Kreuzknoten die jeweils nebeneinander liegenden Garnpärchen und knüpfe sie mit einem Abstand von ca. 1 cm zu zwei übereinander liegenden neuen Kreuzknoten.

7 Wiederhole diesen Vorgang mit den restlichen Garnpärchen.

8 Wiederhole die letzen beiden Vorgänge für die nächste Reihe mit einem Abstand von ca. 2 cm zu den letzen Kreuzknoten.

9 Bilde aus zwei Garnenden eine Schlaufe zum Aufhängen.

10 Kürze die restlichen überstehenden Garnenden.

Schneeflocke "Valentin"

Schwierigkeit: 

Zeitaufwand: 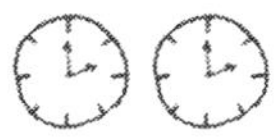

Diese Materialien benötigst Du . . .

- 1x 130 cm Garn; geflochten; 2mm
- 14x 110 cm Garn; geflochten; 2mm
- Schere

Deine Notizen:

So gehst Du vor. . .

1 Lege den 130 cm langen Garn doppelt.

2 Befestige 2 cm nach der gelegten Schlaufe einen 110 cm Garn per Ankerstich.

3 Knüpfe daneben die restlichen 13 Garne mit der Länge 110 cm per Ankerstich.

4 Ziehe dann das offene Garnende des doppelt gelegten Garns durch die Schlaufe und ziehe die Ankerstichreihe fest, sodass ein Kreis entsteht.

5 Knüpfe mit jeweils 3 entstandenen Garnpärchen zwei übereinander liegende große Kreuzknoten.

6 Wiederhole diesen Vorgang mit den weiteren vier Dreiergruppen.

7 Nimm jetzt drei nebeneinander außen liegende Garne die aus dem Kreuzknoten kommen und knüpfe mit diesen drei Garnen sechs weitere kleine Kreuzknoten direkt übereinander nach rechts.

8 Wiederhole den Vorgang mit den äußeren drei Garnen links in Richtung links.

9 Wiederhole die letzen beiden Schritte mit den anderen Dreiergruppen.

10 Verbinde nun die sechs zusammenkommenden Garne zweier Dreiergruppen mit zwei großen Kreuzknoten.

11 Bilde aus zwei Garnenden eine Schlaufe zum Aufhängen.

12 Kürze die restlichen überstehenden Garnenden.

Weihnachtsbaum

Dieser Weihnachtsbaum lässt sich einfach in der Größe verändern, indem du eine andere Garndicke wählst oder die Garnlänge variierst.

Schwierigkeit:

Zeitaufwand:

Diese Materialien benötigst Du . . .

- 1x 200 cm Garn; geflochten; 2mm
- 1x 80 cm Garn; geflochten; 2mm
- Schere

Deine Notizen:

So gehst Du vor. . .

1 Lege den 80 cm langen Garn doppelt.

2 Der 80 cm lange Garn stellt die Mitte (den Stamm) des Weihnachtsbaums dar und zeigt somit senkrecht nach unten, die geschlossene Schlaufe zeigt nach oben.

3 Lasse nun einen Abstand von ca. 3 cm und beginne mit einem Kreuzknoten.

4 Lasse jetzt auch beim nächsten Kreuzknoten einen Abstand von ca. 6 cm.

5 Knüpfe nun noch 11 weitere Kreuzknoten mit jeweils geringer werdenden Abständen zueinander.

6 Halte dann die beiden mittleren Garne mit Zeigefinger und Daumen fest und schiebe mit dem letzten Kreuzknoten in Richtung des ersten geknüpften Kreuzknotens.

7 Bilde aus den zwei offenen Garnenden des Stammes eine nach Belieben große Schlaufe zum Aufhängen.

Hängendes Windlicht

Das kleine hängende Windlicht sieht, ob mit Kerzen oder Blumen darin, einfach wundervoll aus.

Schwierigkeit:

Zeitaufwand:

Diese Materialien benötigst Du . . .

- 1x 90 cm Garn; geflochten; 2mm
- 13x 70 cm Garn; geflochten; 2mm
- 3x 140 cm Garn; geflochten; 2mm
- 1 Glas mit 6,5 cm Breite & 10 cm Höhe
- Schere

Deine Notizen:

So gehst Du vor...

1 Lege den 90 cm Garn um den Glashals und verknote ihn, sodass beide Enden gleich lang sind.

2 Nimm den Garn danach noch einmal vom Glasrand ab.

3 Befestige direkt neben dem vorhandenen Knoten einen Garn mit 70 cm per Ankerstich.

4 Lasse dann ca. 2 cm Abstand und befestige zwei weitere Garne mit 70 cm per Ankerstich.

5 Wiederhole diesen Vorgang mit den restlichen 70 cm Garnen, sodass 7 Pärchen entstehen.

6 Öffne den ersten Knoten wieder, lege ihn erneut um den Glashals und binde ihn fest.

7 Knüpfe jetzt mit jedem Pärchen einen Kreuzknoten.

8 Nimm für die zweite Reihe die äußeren zwei Garne der nächsten nebeneinander liegenden Pärchen und verbinde sie mit einem Kreuzknoten. Lasse zur oberen Reihe ca. 2 cm Abstand.

9 Führe die letzten zwei Vorgänge für zwei weitere Reihen fort, bis insgesamt 4 Reihen entstanden sind.

10 Bündele alle Garne mittig am Glasboden mit dem 40 cm langen Garn per Wickelknoten fest.

11 Kürze dann nach Belieben alle Garne auf die gleiche Länge.

12 Befestige nun die drei 140 cm langen Garne per Ankerstich an dem Garn, der um den Glashals liegt, sodass das Glas gleichmäßig daran herunterhängt.

Traumfänger „Mokko“

Diesen Traumfänger kannst du auf viele Arten verschönern...egal, ob du ihn mit Blumen schmückst, einen Eukalyptuszweig daran bindest oder ihn ganz schlicht lässt.

Schwierigkeit: 

Zeitaufwand: 

Diese Materialien benötigst Du . . .

- 1x Ring; 30 cm breit
- 17x 250 cm Garn; geflochten 4mm
- Schere

Deine Notizen:

So gehst Du vor. . .

1 Befestige alle 17 Garne per Ankerstich an dem Ring, sodass alle Enden gleich lang sind.

2 Beginne mit den mittleren fünf Garnpärchen, die für das erste Muster benötigt werden.

3 Benutze den fünften Garn von links als Leitfaden und knüpfe 4 Mal den Rippenknoten mit den nächsten Garnen nach schräg links unten.

4 Benutze danach den fünften Garn von rechts als Leitfaden und knüpfe 4 Mal den Rippenknoten mit den nächsten Garnen nach schräg rechts unten.

5 Wiederhole diesen Vorgang in der nächsten Reihe, anliegend an die darüber liegende Reihe, mit dem oben rauskommenden rechten Garn als Leitfaden, nach schräg links unten und knüpfe wieder vier Rippenknoten.

6 Der nächste Leitfaden ist der linke oben rauskommende Garn. Knüpfe an ihm drei Rippenknoten nach schräg rechts unten wieder anliegend an die letzte Rippenknotenreihe.

7 Knüpfe dann mit dem linken oben rauskommenden Garn als Leitfaden die nächsten drei Rippenknoten nach schräg rechts außen, anliegend an die Rippenknotenreihe.

8 Der nächste Leitfaden ist der rechts oben rauskommende Garn, knüpfe an ihm zwei Rippenknoten nach schräg links unten anliegend an die darüber liegende Reihe.

9 Knüpfe dann mit den mittleren vier Garnen einen Kreuzknoten.

10 Wiederhole jetzt die vorher beschriebenen Rippenknotenreihen spiegelverkehrt nach unten, sodass eine Rautenform entsteht.

11 Lasse für das nächste Rautenmuster die beiden äußeren Garne weg und wiederhole die letzten Vorgänge, sodass eine etwas kleinere Raute entsteht.

12 Lasse nun wieder für das nächste Rautenmuster die jeweils zwei äußeren Garne weg und knüpfe mit den mittleren vier Garnen das einfache Rautenmuster mit einem innen liegenden Kreuzknoten.

13 Beende nun die mittlere Rautenreihe mit einer kleinen Raute, die aus den zwei mittleren Garnen geknüpft wird.

14 Beginne dann mit dem rechts daneben liegenden drei Garnpärchen als nächste Rautenreihe.

15 Knüpfe zuerst eine einfache Raute mit innenliegenden Kreuzknoten.

16 Benutze dann den oben rauskommenden linken Garn als Leitfaden und knüpfe an ihm zwei Rippenknoten an die darüberliegende Rippenknotenreihe.

17 Danach ist der oben rauskommende rechte Garn der Leitfaden, knüpfe an ihm fünf Rippenknoten nach schräg links unten. Aus dieser Reihe wird die neue nächste zwei reihige Rautenform geknüft

18 Beende danach diese Rautenreihe mit zwei kleinen Rauten wie bei der mittleren Rautenreihe.

19 Beginne dann wieder mit dem rechts daneben liegenden drei Garnpärchen als rechts äußere Rautenreihe.

20 Knüpfe zuerst eine einfache Raute mit innenliegenden Kreuzknoten.

21 Danach folgen wieder zwei kleine Rauten.

22 Wiederhole die letzten acht Schritte spiegelverkehrt mit den beiden links liegenden drei Garnpärchen.

23 Schneide dann alle Garnenden nach Belieben zu.

Wandblumenampel

Pflanzen in den eigenen vier Wänden sehen nicht nur toll aus, sondern sind auch gut für das Raumklima. Diese Blumenampel lässt sich direkt an der Wand befestigen.

Schwierigkeit:

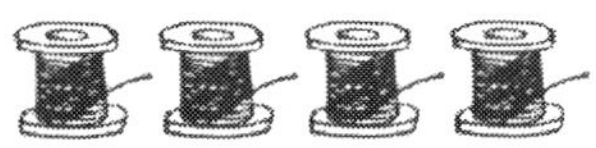

Zeitaufwand:

Diese Materialien benötigst Du . . .

- Ca. 23 cm breites Treibholz
- 12x 4,60 m Garn; geflochten; 4mm
- Schere

Deine Notizen:

So gehst Du vor...

1 Befestige die zwölf Garne per Ankerstich nebeneinander an das Treibholz, sodass alle Enden gleich lang sind.

2 Beginne mit dem fünften Garn von links als Leitfaden und knüpfe an ihm vier Rippenknoten nach schräg links unten.

3 Der nächste Leitfaden kommt rechts aus dem ersten geknüpften Rippenknoten heraus, knüpfe an ihm drei Rippenknoten nach schräg rechts unten immer anliegend an die obere Rippenknotenreihe.

4 Nimm nun wieder den oben rechts rauskommenden Garn als Leitfaden und knüpfe an ihm wieder drei Rippenknoten in Richtung schräg rechts unten, anliegend an die letzte Rippenknotenreihe.

5 Der nächste Leitfaden ist nun der links rauskommende Garn, knüpfe mit ihm zwei Rippenknoten nach schräg links unten.

6 Knüpfe mit den mittleren vier Garnen einen Kreuzknoten.

7 Wiederhole jetzt die vorher beschriebenen Rippenknotenreihen spiegelverkehrt nach unten, sodass eine Rautenform bzw. Diamantform entsteht.

8 Wiederhole die letzen sechs Vorgänge mit den zwei daneben liegenden Viererpärchen.

9 Beginne für die zweite Reihe mit dem aus der mittleren-oberen Raute, links oben rauskommenden Garn als nächsten Leitfaden. Knüpfe genauso wie in den vorherigen Schritten beschrieben die nächste Raute.

10 Danach ist für die zweite Raute in dieser Reihe Faden der Leitfaden, der aus der oberen ganz rechten Raute, links oben rauskommende Garn.

11 Knüpfe auch hier wie oben beschrieben die nächste Raute.

12 Jetzt folgt die letzte mittige Raute.

13 Der Leitfaden hierfür kommt rechts oben aus der vorherigen geknüpften Raute.

14 Für den unteren Teil der Blumenampel, lasse einen Abstand von ca. 20 cm und beginne mit einem Kreuzknoten, verbinde hierfür die beiden äußeren Garne von links mit den beiden äußeren Garnen von rechts, sodass der Kreuzknoten genau mittig liegt.

15 Nimm nun für den nächsten Kreuzknoten die nächsten vier Garne links des letzten Kreuzknoten und verbinde diese.

16 Führe diesen Vorgang nun mit den restlichen Vierergruppen durch und achte darauf, dass alle Kreuzknoten auf der gleichen Höhe liegen.

17 Lasse für die nächste Reihe ca. 8 cm Abstand und nehme von zwei nebeneinanderliegenden Kreuzknoten (aus der ersten Reihe) die jeweils nebeneinanderliegenden Garnpärchen und knüpfe sie zu einem neuen Kreuzknoten.

18 Wiederhole diesen Vorgang mit den restlichen Vierergruppen.

19 Verbinde alle Garne wieder mit einem Abstand von ca. 8 Abstand, allerdings nun mit einem Wickelknoten.

20 Knüpfe nun mit allen Garnenden einen Spulenknoten (nach belieben auf unterschiedliche Längen).

21 Schneide zuletzt die Garnenden direkt unter den geknüpften Spulenknoten ab.

Wandbehang

Dieser Wandbehang lässt sich recht leicht knüpfen und eignet sich dadurch gut für Anfänger da, du schnell ein tolles Ergebnis erhältst.

Schwierigkeit:

Zeitaufwand:

Diese Materialien benötigst Du . . .

- Treibholz; Breite ca. 35 cm
- 12x 220 cm Garn; geflochten 4mm
- 6x 270 cm Garn; geflochten 4mm
- 16 x 85 cm Garn; geflochten 4mm
- Schere

Deine Notizen:

So gehst Du vor. . .

1 Befestige alle 220 cm-Garne per Ankerstich nebeneinander an das Treibholz, sodass alle Enden gleich lang sind.

2 Knüpfe nun mit den links äußeren vier Garnen einen Kreuzknoten und führe diesen Vorgang die ganze Reihe fort.

3 Nimm nun für die nächste Reihe von zwei nebeneinanderliegenden Kreuzknoten die jeweils nebeneinander innen liegenden Garnpärchen und knüpfe sie zu einem neuen Kreuzknoten. Führe diesen Vorgang die restliche Reihe fort.

4 Lasse nun für jede weitere Reihe immer zwei Garne weg, sodass eine Dreiecksform entseht.

5 Nimm nun den oberen linken Garn als Leitfaden und knüpfe Rippenknoten in Richtung schräg rechts unten bis zur Dreiecksspitze.

6 Danach ist der obere rechte Garn der Leitfaden. Knüpfe an ihm Rippenknoten Richtung schräg links unten bis zur Dreiecksspitze.

7 Verbinde die Spitze mit einem halben Rippenknoten in die Richtung deiner Wahl.

8 Wiederhole nun die letzten drei Vorgänge anliegend an die beiden letzten Rippenknotenreihen.

9 Knüpfe nun mit den vier mittleren Garnen einen Beerenknoten und wiederhole ihn auch an den Seiten deiner Rippenknotenreihen.

10 Befestige nun per Ankerstich drei von sechs 270 cm-Garnen mit einem Abstand von ca. 5 cm an deinem zuletzt geknüpften Muster.

11 Wiederhole diesen Vorgang auf der anderen Seite deines Musters.

12 Beginne nun mit den äußeren vier linken Garnen und knüpfe sie zu einem Kreuzknoten.

13 Verwende für den nächsten Kreuzknoten die äußeren vier rechten Garne und knüpfe sie zu einem nächsten Kreuzknoten.

14 Führe diesen Vorgang fort, sodass es ingesamt 16 Kreuzknoten ergibt.

15 Wiederhole diesen Vorgang spiegelverkehrt mit den anderen drei 270 cm-Garnen.

16 Verbinde nun die beiden Stränge unten mit den beiden links oben und den beiden rechts oben herauskommenden Garnen zu einem Kreuzknoten.

17 Nimm nun aus dem letzten Kreuzknoten die beiden links rauskommenden und aus dem links daneben liegenden Kreuzknoten die beiden rechts rauskommenden Garne und verbinde sie zu einem Kreuzknoten.

18 Wiederhole diesen Vorgang spiegelverkehrt.

19 Verbinde diese beiden letzten geknüfte Kreuzknoten mit einem letzten Kreuzknoten.

20 Knüpfe nun mit dem oberen linken Garn als Leitfaden und knüpfe Rippenknoten in Richtung schräg rechts unten.

21 Danach ist der obere rechte Garn der Leitfaden. Knüpfe an ihm Rippenknoten nach schräg links unten.

22 Verbinde die Spitze mit einem halben Rippenknoten in die Richtung deiner Wahl.

23 Wiederhole nun die letzten drei Vorgänge anliegend an die beiden letzten Rippenknotenreihen.

24 Befestige nun per Ankerstich die 1685 cm-Garne an den Schlaufen, die an den beiden Strängen nach außen zeigen.

25 Knüpfe mit den vier mittleren Garnen einen Beerenknoten und an jede Strangseite zwei Beerenknoten.

26 Kürze nun die Garnenden nach Belieben.

Girlande

Diese Girlande bietet viele verschiedene Dekorationsmöglichkeiten. Ob im Schlafzimmer, am Babybett oder über der Couch, die Makramee-Girlande sieht überall dekorativ aus.

Schwierigkeit: 

Zeitaufwand: 

Diese Materialien benötigst Du . . .

- 1x 180 cm Garn; geflochten 4mm
- 50x 2 m Garn geflochten 4mm
- 16x 1m Garn; geflochten 4mm

Deine Notizen:

So gehst Du vor...

1 Befestige alle 50 Garne per Ankerstich an dem 180 cm-Garn in Zehnergruppen mit einem Abstand von jeweils ca. 10 cm.

2 Befestige nun die 16 Garne mit 1m Länge per Ankerstich in Vierergruppen mittig in die Zwischenräume der bereits hängenden Garne.

3 Beginne nun an der ersten Zehnergruppe doppelte (zwei aufeinanderfolgende) Kreuzknoten zu knüpfen.

4 Lasse für die zweite Reihe die äußeren beiden Garne weg und knüpfe die restliche Reihe auch doppelte Kreuzknoten.

5 Verbinde nun die beiden mittleren doppelten Kreuzknoten aus der letzten geknüpften Reihe mit einem letzten doppelten Kreuzknoten.

6 Beginne nun mit dem linken oberen Garn als Leitfaden. Knüpfe mit ihm (direkt an den Kreuzknoten entlang) eine Rippenknotenreihe nach schräg rechts unten in die Mitte.

7 Der nächste Leitfaden ist der rechte obere Garn. Knüpfe an ihm wie oben beschrieben eine Rippenknotenreihe nach schräg links unten.

8 Verbinde die beiden Rippenknotenreihen mit einem Rippenknoten in beliebige Richtung.

9 Wiederhole die letzten drei Vorgänge. Lasse dabei allerdings die beiden äußeren Garne weg.

10 Verbinde die beiden Rippenknotenreihen mit einem Rippenknoten in die andere Richtung als die, die du davor gewählt hast.

11 Behalte den letzten Leitfaden und knüpfe direkt ein Rautenmuster mit den jeweils nächsten drei Garnen.

12 Beende nun das Muster mit einer kleinen Raute, die aus den zwei mittleren Garnen geknüpft wird.

13 Wiederhole nun die letzen zehn Vorgänge mit den anderen vier Zehnergruppen.

14 Beginne nun mit der ersten Vierergruppe. Knüpfe zwei doppelte Kreuzknoten nebeneinader.

15 Verbinde darunter die beiden Kreuzknoten zu einem letzten doppelten Kreuzknoten.

16 Beginne nun mit dem linken oberen Garn als Leitfaden. Knüpfe mit ihm (direkt an dem Kreuzknoten entlang) eine Rippenknotenreihe nach schräg rechts unten in die Mitte.

17 Der nächste Leitfaden ist der rechte obere Garn. Knüpfe an ihm wie oben beschrieben eine Rippenknotenreihe nach schräg links unten.

18 Verbinde die beiden Rippenknotenreihen mit einem Rippenknoten in beliebige Richtung.

19 Wiederhole nun die letzten drei Vorgänge mit den anderen drei Vierergruppen.

20 Kürze dann alle Garnenden nach Belieben.

Vasenuntersetzer

Mit diesem Vasen Makramee hast du eine ganz besondere Tischdekoration. Als Abwechslung kannst du den Ring auch mit einer Aufhängung an der Wand befestigen.

Schwierigkeit:

Zeitaufwand:

Diese Materialien benötigst Du . . .

- 1x Ring; 10 cm breit
- 36x 30 cm Garn; gezwirnt 4mm
- Kamm
- Schere

Deine Notizen:

So gehst Du vor. . .

1. Befestige alle 36 Garne per Ankerstich an dem Ring, sodass alle Enden gleich lang sind.
2. Beginne mit den mittleren vier Garnen einer Vierergruppe und knüpfe einen Kreuzknoten.
3. Nimm nun den äußeren linken Garn als Leitfaden und knüpfe an ihm drei Rippenknoten in Richtung schräg rechts unten.
4. Nimm danach den äußeren rechten Garn der Vierergruppe als Leitfaden und knüpfe an ihm vier Rippenknoten in Richtung schräg links unten.
5. Beginne danach wieder mit dem äußeren linken Garn als Leitfaden und knüpfe an ihm drei Rippenknoten anliegend an die obere Rippenknotenreihe.
6. Nimm danach den äußeren linken Garn als Rippenknoten und knüpfe an ihm vier Rippenknoten in Richtung schräg rechts unten.
7. Wiederhole diesen Vorgang mit den anderen acht Viererpärchen.
8. Nimm dann die beiden links oben und rechts oben, aus dem bereits geknüpften nebeneinander liegenden Muster rauskommenden Garne und verbinde sie zu einem Kreuzknoten.
9. Nimm nun den rechten, aus der Rippenknotenreihe herauskommenden Garn als Leitfaden und knüpfe an ihm zwei Rippenknoten in Richtung schräg links unten.
10. Knüpfe dann an den linken, aus der Rippenknotenreihe herauskommenden Garn als Leitfaden drei Rippenknoten in Richtung schräg rechts unten.
11. Wiederhole die letzten drei Vorgänge weitere acht Mal.
12. Kürze nun alle Garnenden gleichmäßig auf ca. 6 cm und kämme sie danach gut aus.

Kleine Blumenampel

Diese kleine Blumenampel ist schnell gemacht und trotzdem so vielseitig einsetzbar. Du kannst sie nicht nur mit einer kleinen Pflanze sondern auch mit einem kleinen Windlicht oder als Vase verwenden.

Schwierigkeit: 

Zeitaufwand: 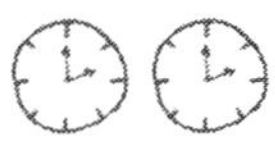

Diese Materialien benötigst Du . . .

- 1x Holzring natur ca. 3,5 cm breit
- 6x 340 cm Garn; geflochten 4mm
- 2x 25 cm Bäckergarn
- Schere

Deine Notizen:

So gehst Du vor...

1. Lege alle sechs Garne durch den Holzring, sodass alle zwölf Enden gleich lang sind.
2. Nimm einen 25 cm langen Bäckergarn und beginne mit dem Wickelknoten.
3. Knüpfe nun mit vier nebeneinander liegenden Garnen den Wellenknoten für ca. 14 cm.
4. Wiederhole diesen Vorgang mit den beiden anderen Vierergruppen.
5. Nimm dann mit einem Abstand von ca. 20 cm die beiden inneren nebeneinanderliegenden Garne zweier Stränge und verbinde sie mit einem Kreuzknoten.
6. Wiederhole diesen Vorgang mit den beiden anderen Vierergruppen und achte darauf, dass alle drei Kreuzknoten auf der gleichen Höhe liegen.
7. Lasse für die nächste Reihe ca. 4 cm Abstand und nehme von zwei nebeneinanderliegenden Kreuzknoten (aus der ersten Reihe) die jeweils nebeneinanderliegenden Garnpärchen und knüpfe sie zu einem neuen Kreuzknoten.
8. Wiederhole diesen Vorgang mit den restlichen Vierergruppen.
9. Verbide alle Garne (wieder mit einem Abstand von ca. 4 cm) nun mit dem übrigen Bäckergarn per Wickelknoten.
10. Knüpfe nun mit allen Garnenden einen Spulenknoten (nach Belieben auf unterschiedliche Längen).
11. Schneide zuletzt die Garnenden direkt unter den geknüpften Spulenknoten ab.

Blumenampel

Wenn du diese schlichte Blumenampel noch ein wenig aufpeppen möchstest, bieten sich ein paar Holzperlen gut dazu an. Diese schiebst du einfach auf die mittleren beiden Garne und knüpfst dann wie gewohnt weiter.

Schwierigkeit: 

Zeitaufwand: 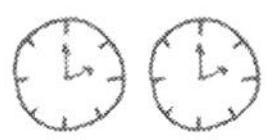

Diese Materialien benötigst Du . . .

- 1 Holzring natur; ca. 5,5 cm breit
- 6x 640 cm Garn; geflochten 4mm
- 1x 40 cm Garn; geflochten 4mm
- Schere

Deine Notizen:

So gehst Du vor. . .

1 Lege alle sechs Garne durch den Holzring, sodass alle 12 Enden gleich lang sind.

2 Knüpfe mit den beiden äußeren der 12 Garne vier aufeinanderfolgende große Kreuzknoten.

3 Knüpfe nun mit vier nebeneinander liegenden Garnen den Kreuzknoten für ca. 30 cm.

4 Wiederhole diesen Vorgang mit den beiden anderen Vierergruppen.

5 Nimm dann mit einem Abstand von ca. 22cm die beiden inneren nebeneinanderliegenden Garne zweier Stränge und verbinde sie mit vier aufeinanderfolgende Kreuzknoten.

6 Wiederhole diesen Vorgang mit den beiden anderen Vierergruppen und achte darauf, dass alle drei Kreuzknotenreihen auf der gleichen Höhe liegen.

7 Lasse für die nächste Reihe ca. 7 cm Abstand und nehme von den zwei nebeneinanderliegenden Kreuzknoten (aus der ersten Reihe) die jeweils nebeneinanderliegenden Garnpärchen und knüpfe sie zu einer neuen Kreuzknotenreihe mit jeweils sechs aufeinanderfolgende Kreuzknoten.

8 Wiederhole diesen Vorgang mit den restlichen Vierergruppen.

9 Verbinde alle Garne, wieder mit einem Abstand von ca. 4 cm, nun mit dem 40 cm langen Garn per Wickelknoten.

10 Knüpfe nun mit allen Garnenden einen Spulenknoten (nach Belieben auf unterschiedliche Längen).

11 Schneide zuletzt die Garnenden direkt unter den geknüpften Spulenknoten ab.

Blumenampel "Liese"

Du kannst natürlich die Länge deiner Blumenampel nach deinen Wünschen fertigensowie deine Blumenampel der Göße deines Blumentopfs anpassen, indem du, bevor du den Wickelknoten knüpfst, mithilfe deines Topfes die gewünschte Größe herausfindest.

Schwierigkeit: 

Zeitaufwand: 

Diese Materialien benötigst Du . . .

- 1 Holzring natur; ca. 5,5 cm breit
- 8x 9m Garn; geflochten 4mm
- 3x 40 cm Garn; geflochten 4mm
- Schere

Deine Notizen:

So gehst Du vor...

1 Lege alle acht Garne durch den Holzring, sodass alle sechszehn Enden gleich lang sind.

2 Nimm einen 40 cm Garn und beginne mit einem Wickelknoten.

3 Knüpfe nun für ca. 10 cm den Kronenknoten mit jeweils vier Garngruppen.

4 Knüpfe nun mit vier nebeneinander liegenden Garnen den Wellenknoten für ca. 14 cm.

5 Wiederhole diesen Vorgang mit den drei anderen Vierergruppen.

6 Nimm dann mit einem Abstand von ca. 40 cm die beiden inneren nebeneinanderliegenden Garne zweier Stränge und verbinde sie mit einem Kreuzknoten.

7 Wiederhole diesen Vorgang mit den drei anderen Vierergruppen und achte darauf, dass alle drei Kreuzknoten auf der gleichen Höhe liegen.

8 Lasse für die nächste Reihe ca. 7 cm Abstand und nehme von zwei nebeneinanderliegenden Kreuzknoten (aus der ersten Reihe) die jeweils nebeneinanderliegenden Garnpärchen und knüpfe sie zu einem neuen Kreuzknoten.

9 Verbinde alle Garne, wieder mit einem Abstand von ca. 4cm, mit dem zweiten 40 cm Garn per Wickelknoten.

10 Knüpfe nun noch einmal für ca. 10 cm den Kronenknoten.

11 Verbinde nun wieder alle Garne mit dem letzten 40 cm Garn per Wickelknoten.

12 Knüpfe nun mit allen Garnenden einen Spulenknoten (nach Belieben auf unterschiedliche Längen).

13 Schneide zuletzt die Garnenden direkt unter den geknüpften Spulenknoten ab.

Traumfänger "Tongo"

Dieser Traumfänger bietet sich gut dazu an selbst kreativ zu werden indem du ein paar Garne hinzufügst oder weglässt oder extra an die untere Seite des Rings Garne befestigst.

Schwierigkeit:

Zeitaufwand:

Diese Materialien benötigst Du . . .

- 1x Ring; 20 cm breit
- 6x 160 cm Garn; gezwirnt 4mm
- Schere

Deine Notizen:

So gehst Du vor. . .

1 Befestige alle sechs Garne per Ankerstich an der oberen Seite des Rings, sodass alle Enden gleich lang sind.

2 Knüpfe mit den vier mittleren Garnen einen Kreuzknoten.

3 Beginne dann mit dem neben dem Kreuzknoten direkt rechts liegenden Garn als Leitfaden und knüpfe an ihm in Richtung schräg rechts unten zwei Rippenknoten.

4 Nimm dann den neben dem Kreuzknoten direkt links liegenden Garn als Leitfaden und knüpfe an ihm drei Rippenknoten in Richtung schräg links unten.

5 Nimm danach wieder den rechts liegenden Garn als Leitfaden und knüpfe mit ihm wieder drei Rippenknoten in Richtung schräg links unten, anliegend an die letze Rippenknotenreihe.

6 Danach ist der nächste von innen links liegende Garn der Leitfaden. Knüpfe an ihm vier Rippenknoten in Richtung schräg rechts unten.

7 Nimm danach den nächsten links liegenden Garn als Leitfaden und knüpfe wieder an ihm vier Rippenknoten.

8 Der nächste Leitfaden ist der nächste von innen rechts liegende Garn. Knüpfe an ihm fünf Rippenknoten in Richtung schräg links unten.

9 Nimm danach den letzten rechts liegenden Garn als Leitfaden und knüpfe wieder fünf Rippenknoten.

10 Der nächste Leitfaden ist der letzte links liegende Garn. Knüpfe an ihm sechs Rippenknoten in Richtung schräg rechts unten.

11 Diesmal dient der Ring als Leitfaden. Nimm den äußeren linken Garn und knote mit ihm um den Ring einen Rippenknoten. Führe diesen Vorgang nacheinander mit allen weiteren runterhängenden Garnen fort.

12 Knüpfe nun mit den vier linken äußeren Garnen einen Kreuzknoten und wiederhole diesen mit den nächsten Vierergruppen.

13 Lasse für die nächste Reihe Kreuzknoten die beiden äußeren Garne weg.

14 Knüpfe nun den letzten Kreuzknoten mit den mittleren vier Garnen.

15 Kürze nun alle Garne auf die gewünschte Länge.

Wandbehang “Frieda“

Das Treibholz, an dem du deinen Wandbehang befestigst, sollte möglichst ohne Rinde sein. An Flüssen finde ich oft geeignetes Treibholz. Du kannst den Ast nach Belieben mit Schleifpapier bearbeiten, dann wird er schön glatt.

Schwierigkeit:

Zeitaufwand:

Diese Materialien benötigst Du . . .

- Treibholz; ca. 60 m breit
- 6x 4 m Garn; geflochten 4mm
- 32x 80 cm Garn; geflochten 4mm
- 10x 7m Garn; geflochten 4mm
- 52x 40 cm Garn geflochten 4mm
- Schere

Deine Notizen:

So gehst Du vor...

1. Befestige den ersten 4m Garn per Ankerstich, sodass alle Enden gleich lang sind.
2. Befestige dann die nächsten beiden 4m Garne mit einem Abstand von ca. 8cm per Ankerstich.
3. Mit einem weiteren Abstand von 8cm werden die nächsten beiden 4m Garne direkt nebeneinander befestigt.
4. Danach folgt der letzte 4m Garn mit einem weiteren Abstand von 8cm.
5. Achte darauf, dass die gesamten Garne mittig an dem Stock befestigt sind.
6. Knüpfe nun an den beiden innenliegenden Garnpärchen jeweils einen Kreuzknoten.
7. Benutze dann die beiden linken äußeren Garne und die beiden rechts äußeren der nächsten Vierergruppe und verbinde sie mit einem Abstand von 8cm zu einem weiteren Kreuzknoten.
8. Wiederhole diesen Vorgang mit den beiden nächsten Vierergruppen mit dem gleichen Abstand.
9. Verbinde nun für die nächste Reihe die beiden links äußeren und die beiden rechts äußeren Garne zu einem Kreuzknoten und wiederhole diesen Vorgang mit der nächsten Vierergruppe.
10. Nimm dann die mittleren vier Garne wieder mit einem Abstand von 8cm und knüpfe einen Kreuzknoten.
11. Nimm nun die 32 Garne mit 80cm Länge und befestige sie gleichmäßig per Ankerstich an den seitlichen Garnen des bereits geknüpften Musters.
12. Befestige nun 5 von den 7m Garn per Ankerstich mit einem Abstand von ca. 10cm links zum letzten Muster.
13. Beginne nun mit dem Rautenmuster mit einem mittig liegenden Kreuzknoten und wiederhole diesen Vorgang bis sechs Rauten entstanden sind.
14. Wiederhole die letzten beiden Vorgänge spiegelverkehrt auf der anderen Seite.
15. Verbinde dann die beiden Stränge in der Mitte mit einem ersten Kreuzknoten.
16. Setzte unter den Kreuzknoten mit den nächst kommenden Garnen einen weiteren Kreuzknoten.
17. Nimm dann den aus der Raute links rauskommenden Leitfaden und behalte ihn für die zwei kommenden Garne, die ihn per Rippenknoten umknoten.
18. Wiederhole diesen Vorgang spiegelverkehrt.
19. Bündele nun alle aus den Strängen herauskommenden Garne per Wickelknoten.
20. Befestige dann die 52 Garne per Ankerstich an den seitlich entstandenen Schlaufen der Stränge gleichmäßig.
21. Kürze nun die Garnenden nach Belieben.

Wandbehang "Calli"

Achte beim Knüpfen auch auf die Form deines Astes. Wenn er wie hier gebogen ist, könnte es sein, dass du auf der höher liegenden Seite ein Muster mehr knüpfen musst, sodass die beiden Stränge auf gleicher Höhe zusammenkommen.

Schwierigkeit:

Zeitaufwand:

Diese Materialien benötigst Du . . .

- Treibholz; ca. 45 m breit
- 2x 2 m Garn; gezwirnt 4mm
- 24x 1,20 m Garn; gezwirnt 4mm
- Schere
- 6x 5m Garn; gezwirnt 4mm
- 2x 70 cm Garn; gezwirnt 4mm
- 36x 40 cm Garn gezwirnt 4mm

Deine Notizen:

So gehst Du vor...

1. Befestige die beiden 2 m langen Garne mit einem Abstand von ca. 20 cm voneinander per Ankerstich am Treibholz.
2. Verbinde die vier Garne per Kreuzknoten in der Mitte des Treibholzes.
3. Befestige nun die 24 Garne mit der Länge von 1,20 m per Ankerstich an der davor entstandenen Garnleine.
4. Knüpfe nun in der ersten Vierergruppe mittig einen Kreuzknoten.
5. Verwende nun den linken äußeren Garn als Leitfaden und knüpfe an ihm drei Rippenknoten in Richtung schräg rechts unten.
6. Nimm danach den rechten äußeren Garn der Vierergruppe als Leitfaden und knüpfe an ihm vier Kreuzknoten in Richtung schräg links unten.
7. Wiederhole die letzen drei Vorgänge für die nächsten fünf Vierergruppen.
8. Nimm nun die beiden oberen linken und die beiden oberen rechten, aus den letzten Muster rauskommenden Garne und verbinde sie mit einem Abstand von ca. 2,5cm mit einem Kreuzknoten.
9. Knüpfe dann mit den beiden nächsten links rauskommenden Garnen und den beiden rechts (aus dem letzten Kreuzknoten) rauskommenden Garnen einen weiteren Kreuzknoten.
10. Knüpfe mit der nebendran liegenden Vierergruppe einen weiteren Kreuzknoten.
11. Knüpfe nun aus den letzten liegenden vier Garnen einen weiteren Kreuzknoten.
12. Wiederhole die letzen vier Vorgänge mit den nächsten vier Vierergruppen.
13. Knüpfe nun die nächste Reihe wie oben beschrieben mit einem größeren Abstand zur vorherigen Reihe.
14. Wiederhole die letzten Vorgänge für jede weitere Reihe, sodass in der letzten Reihe nur noch einmal das Kreuzknotenmuster geknüpft wird.
15. Befestige nun drei von den 5m Garnen mit einem Abstand von ca. 6 cm per Ankerstich.
16. Wiederhole diesen Vorgang mit den anderen drei 5m Garne auf der anderen Seite.
17. Knüpfe nun das Rautenmuster, sodass zehn Rauten aufeinander folgen und wiederhole diesen Vorgang auf der anderen Seite.
18. Verbinde dann die beiden Stränge per Kreuzknoten miteinander.
19. Setzte unter den Kreuzknoten mit den nächsten kommenden Garnen einen weiteren großen Kreuzknoten.
20. Nimm dann den aus der Raute links rauskommenden Leitfaden und behalte ihn für die zwei kommenden Garne, die ihn per Rippenknoten umknoten.
21. Wiederhole diesen Vorgang spiegelverkehrt.
22. Knüpfe dann mit den mittleren vier Garnen einen Kreuzknoten.
23. Beginne dann eine Raute mit einem innenliegenden Kreuzknoten zu knüpfen.
24. Dann folgt wieder ein mittiger Kreuzknoten.
25. Knüpfe danach noch eine kleine Raute aus den beiden mittig rauskommenden Garnen.
26. Befestige nun die beiden 70 cm-Garne an beiden oberen äußeren Schlaufen der beiden Stränge, sodass der jeweils nach innen liegende Garn 20 cm lang ist und der jeweils äußere liegende Garn jeweils 50 cm lang ist.
27. Befestige nun die 36 Garne mit der Länge von 40 cm per Ankerstich gleichmäßig an die äußeren Schlaufen der beiden Stränge.
28. Benutze nun die beiden äußeren 50 cm langen Garne als Leitfaden und knüpfe an ihnen nacheinander Rippenknotenreihen mit den 36 Garnen in Richtung Mitte.
29. Kürze nun die Garnenden nach Belieben.

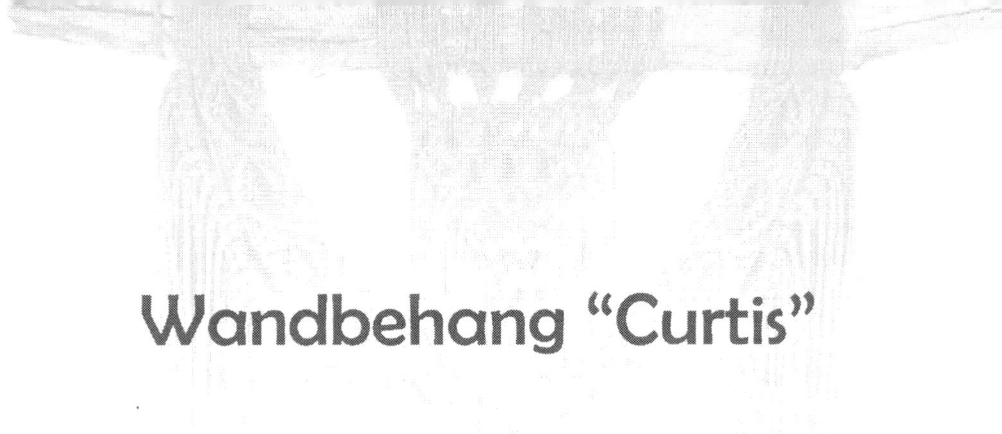

Wandbehang "Curtis"

Dieses Rautenmuster sieht besonders aus, obwohl du nicht viel an der bisherigen Rautenform veränderst. Das ist so wunderbar am Makrameeknüpfen, es ist so vielseitig und es gibt so viele verschiedene Möglichkeiten und Variationen.

Schwierigkeit:

Zeitaufwand:

Diese Materialien benötigst Du . . .

- Treibholz; Breite ca. 80 cm
- 12x 2 m Garn; geflochten 4mm
- 10x 5 m Garn; geflochten 4mm
- 2x 3 m Garn; geflochten 4mm
- 52 x 90 cm Garn; geflochten 4mm
- Schere

Deine Notizen:

So gehst Du vor. . .

1 Befestige alle 2 m Garne per Ankerstich in Vierergruppen mit je einem Abstand von 1 cm nebeneinander an das Treibhol,z sodass alle Enden gleich lang sind.

2 Knüpfe nun mit der ersten Vierergruppe für eine Spirale den Wellenknoten und führe das mit den restlichen Vierergruppen gleichmäßig fort.

3 Nimm nun für die nächste Reihe von zwei nebeneinanderliegenden Wellenknoten die jeweils nebeneinander liegenden Garnpärchen und knüpfe sie zu einer neuen Spirale mit dem Wellenknoten. Führe diesen Vorgang für die restliche Reihe fort.

4 Lasse nun für jede weitere Reihe immer die beiden äußeren Garne weg, sodass eine Dreiecksform entseht.

5 Nimm nun den oberen linken Garn als Leitfaden und knüpfe Rippenknoten in Richtung schräg rechts unten bis zur Dreiecksspitze. Dabei entsteht zwischen zwei Rippenknoten immer ein kleiner Abstand.

6 Danach ist der obere rechte Garn der Leitfaden. Knüpfe an ihm Rippenknoten Richtung schräg links unten bis zur Dreiecksspitze wie oben beschrieben.

7 Verbinde die Spitze mit einem Rippenknoten in die Richtung deiner Wahl.

8 Befestige nun per Ankerstich fünf von zehn 5 m-Garne, auf jeder Seite mit einem Abstand von ca. 10 cm zu deinem zuletzt geknüpften Muster.

9 Beginne nun ein Rautenmuster zu knüpfen.

10 Damit dieses besondere Rautenmuster entsteht, nimm, sobald du bei der Hälfte angelangt bist, für den nächsten Rippenknoten den oben links rauskommenden Garn für die linke Seite und den oben rechts rauskommenden Garn für die rechte Seite.

11 Führe diesen Vorgang fort, sodass fünf Rautenmuster auf jeder Seite entstehen.

12 Nimm dann den aus der Raute links rauskommenden Leitfaden und behalte ihn für die vier kommenden Garne, die ihn per Rippenknoten umknoten.

13 Wiederhole diesen Vorgang spiegelverkehrt.

14 Knüpfe dann mit den mittleren vier Garnen einen Kreuzknoten.

15 Knüpfe danach mit den jeweils rechts und links daneben liegenden Vierergruppen je einen Kreuzknoten.

16 Knüpfe einen letzten Kreuzknoten mit den mittleren vier Garnen.

17 Benutze nun den oben links herauskommenden Garn als Leitfaden und knüpfe an ihm eine Rippenknotenreihe bis schräg rechts unten.

18 Danach ist der oben rechts rauskommende Garn der nächste Leitfaden. Knüpfe an ihm eine Rippenknotenreihe in Richtung schräg links unten und verbinde die beiden Rippenknotenreihen mit einem Rippenknoten.

19 Nimm dann wieder den oben rechts rauskommenden Garn als Leitfaden und knüpfe direkt anliegend an die vorherige Reihe eine Rippenknotenreihe nach schräg links unten.

20 Benutze dann den oben links rauskommenden Garn als Leitfaden und knüpfe an ihm eine Rippenknotenreihe in Richtung schräg rechts unten und verbinde die beiden Rippenknotenreihen mit einem Rippenknoten.

21 Befestige nun einen 3 m langen Garn per Ankerstich direkt links neben dem linken Strang und wiederhole dies auch auf der rechten Seite.

22 Befestige nun die beiden Garne mit einem einfachen Knoten. Bei der Mitte der zweiten Raute, setze den zweiten Knoten bei der Mitte der vierten Raute und verbinde dann per Rippenknotenreihe die beiden Garne bis zur Mitte in Richtung schräg rechts unten.

23 Wiederhole den letzen Vorgang nun auch auf der rechten Seite.

24 Befestige nun die 52 Garne mit der Länge von 90 cm per Ankerstich gleichmäßig auf beide Seiten verteilt in die entstandenen äußeren Schlaufen.

25 Kürze nun die Garnenden nach Belieben.

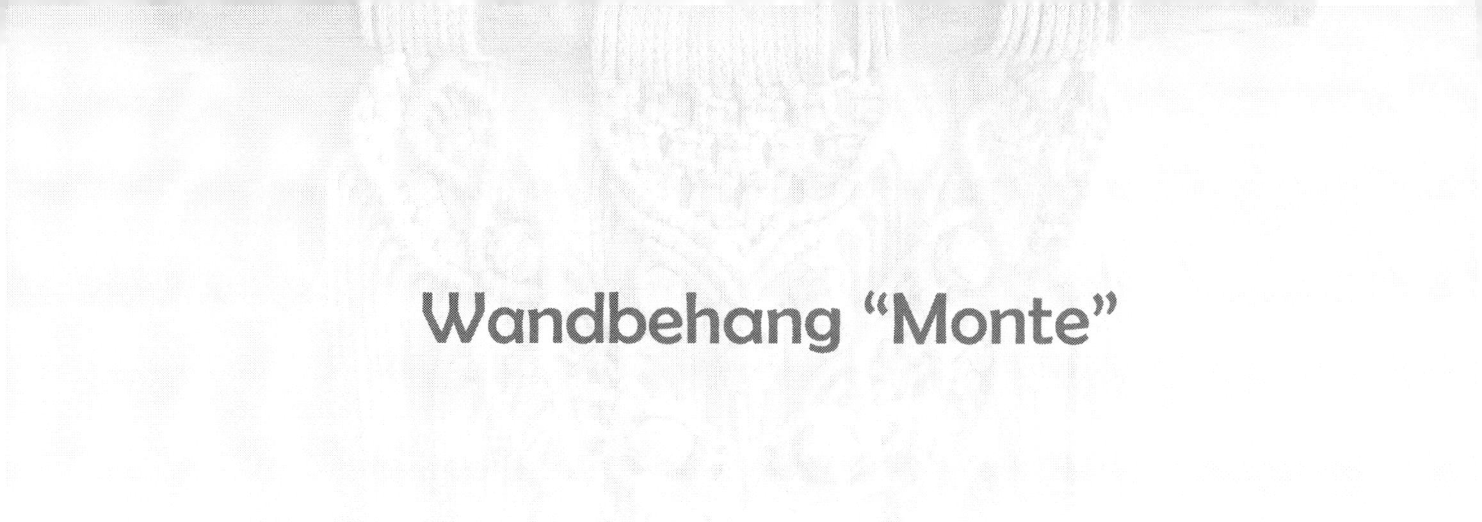

Wandbehang "Monte"

Jeder Wandbehang lässt sich durch Kleinigkeiten - wie hier mit dem Spulenknoten - zu etwas ganz Individuellem machen. Probier es aus!

Schwierigkeit:

Zeitaufwand:

Diese Materialien benötigst Du . . .

- Treibholz; Breite ca. 35 cm
- 12x 220 cm Garn; geflochten 4mm
- 8x 3 m Garn; geflochten 4mm
- 22 x 85 cm Garn; geflochten 4mm
- Schere

Deine Notizen:

So gehst Du vor. . .

1 Befestige alle 220 cm-Garne per Ankerstich nebeneinander an das Treibholz, sodass alle Enden gleich lang sind.

2 Knüpfe nun mit den links äußeren vier Garnen einen doppelten Kreuzknoten und führe diesen Vorgang die ganze Reihe fort.

3 Nimm nun für die nächste Reihe von zwei nebeneinanderliegenden Kreuzknoten die jeweils nebeneinander liegenden Garnpärchen und knüpfe sie zu einem neuen doppelten Kreuzknoten. Führe diesen Vorgang die restliche Reihe fort.

4 Lasse nun für die nächste Reihe je zwei Garne weg und knüpfe erneut eine Reihe doppelte Kreuzknoten.

5 Knüpfe nun mit den mittleren vier Garnen einen doppelten Kreuzknoten

6 Nimm nun den oberen linken Garn als Leitfaden und knüpfe eine Rippenknotenreihe an dem Kreuzknoten entlang in Richtung schräg rechts unten bis zur Dreiecksspitze.

7 Danach ist der obere rechte Garn der Leitfaden. Knüpfe an ihm Rippenknoten Richtung schräg links unten bis zur Dreiecksspitze.

8 Verbinde die Spitze mit einem halben Rippenknoten in die Richtung deiner Wahl.

9 Wiederhole nun die letzten drei Vorgänge anliegend an die beiden letzten Rippenknotenreihen, lasse aber jeweils die beiden äußeren Garne weg.

10 Wiederhole den letzten Schritt für die beiden nächsten Rippenknotenreihen.

11 Knüpfe nun mit den vier mittleren Garnen einen Beerenknoten und wiederhole ihn auch an den Seiten deiner Rippenknotenreihen.

12 Befestige nun per Ankerstich vier von acht 3 m-Garnen mit einem Abstand von ca. 5 cm zu deinem zuletzt geknüpften Muster.

13 Wiederhole das auf der anderen Seite deines Musters.

14 Beginne nun, eine erste Raute zu knüpfen mit einem in der Mitte liegenden Kreuzknoten.

15 Knüpfe, nachdem du bei der Mitte der nächsten Raute angekommen bist, einen Beerenknoten, sodass er mittig liegt.

16 Wiederhole die letzten beiden Vorgäng,e sodass insgesamt 4 Rauten auf jeder Seite entstehen.

17 Verbinde nun die beiden Makrameestränge unten mit den beiden links oben und den beiden rechts oben herauskommenden Garnen zu einem Kreuzknoten.

18 Nimm nun aus dem letzten Kreuzknoten die beiden links rauskommenden und aus dem links daneben liegenden Kreuzknoten die beiden rechts rauskommenden Garne und verbinde sie zu einem Kreuzknoten.

19 Wiederhole diesen Vorgang spiegelverkehrt.

20 Verbinde diese beiden letzten geknüfte Kreuzknoten mit einem letzten Kreuzknoten.

21 Knüpfe nun mit dem oberen linken Garn als Leitfaden Rippenknoten in Richtung schräg rechts unten.

22 Danach ist der obere rechte Garn der Leitfaden. Knüpfe an ihm Rippenknoten nach schräg links unten.

23 Verbinde die Spitze mit einem halben Rippenknoten in die Richtung deiner Wahl.

24 Wiederhole nun die letzten drei Vorgänge anliegend an die beiden letzten Rippenknotenreihen, aber lasse jeweils die beiden äußeren Garne weg.

25 Knüpfe dann mittig eine weitere Raute mit innenliegenden Beerenknoten.

26 Befestige nun per Ankerstich die 22 Garne mit den 85 cm an den Schlaufen, die an den beiden Strängen nach außen zeigen.

27 Beginne dann mit dem oberen linken Garn als Leitfaden, eine Rippenknotenreihe in Bogenform zur Mitte der zweiten Raute zu knüpfen.

28 Danach ist der nächste Garn der Leitfaden. Knüpfe an ihm wieder eine Rippenknotenreihe in Bogenform zur Mitte der vierten Raute.

29 Wiederhole die letzten zwei Vorgänge spiegelverkehrt am rechten Strang.

30 Setze nun nach Belieben ein paar Spulenknoten in die runterhängenden Garne.

31 Kürze dann alle Garne nach Belieben.

Impressum

Die Autorin wird vertreten durch: Tom Bernhardt, Spittelleite 6, 96450 Coburg, tom.ber@live.de

Lektorat: Tom Bernhardt

Layout: Marion Steiger

Verantwortlich für den Druck: Amazon Distribution GmbH, Leipzig

Bildnachweise:

clock by Tatyana from the Noun Project

clock by Tatyana from the Noun Project

clock by Tatyana from the Noun Project

spool of thread by Tatyana from the Noun Project

Smile by Alex Muravev from the Noun Project

Printed in Poland
by Amazon Fulfillment
Poland Sp. z o.o., Wrocław

67131712R00070